対人援助における
臨床心理学入門

吉川 悟

[編著]

ミネルヴァ書房

　　　　　はじめに

　「臨床心理学」に関心を持ち，大学で心理学や臨床心理学を専攻する学生が多くなっています。1988年に（公益財団法人）日本臨床心理士資格認定協会ができ，臨床心理士という職業が社会的に知られることとなりました。加えて，1995年から文部科学省によるスクールカウンセラー活用事業がはじまることで，中学生・高校生も学内でスクールカウンセラーや臨床心理士との接点ができ，将来の職業として「臨床心理士」を目指す人たちも少なからず増えてきています。

　しかし，臨床心理士の職務として「カウンセリング」を行うまでには，膨大な専門的知識を獲得するだけでなく，実際の面談についての実践的経験を積む必要があります。また，そうした臨床心理士として就労する職務範囲を考えた場合，年齢は乳幼児から老人まで，ごくごく軽微な悩み相談から精神疾患まで，専門施設に至っては，医療系病医院・福祉系施設や相談所・各種の学校や教育機関・産業メンタルヘルス機関など，極論するなら人にかかわる職業の周辺には，必ずと言っていいほど，臨床心理士としての職務が存在しています。

　こうした近接領域の他職種の対人援助職の周辺には，心理的問題に対応する専門性を持った心理職の存在が必要であるとされています。しかし，現実はそれぞれの現場に有効に対応できる人材は少ないという話も耳にします。大学でのこれまでの臨床心理学の教育が

臨床心理の基礎である「心理学」に関する学問的な知識提供に偏る傾向があったため、実際の社会においてどのように臨床心理学の知識を実践と結びつけるのか、そのつながりがよく見えてこないというのが多くの学生から聞かれる話でした。

本書の編纂にあたっては、龍谷大学文学部に2012年から「臨床心理学科」が設置されることとなり、近接する大学での学びとの差別化を図るために、これまでの臨床心理学の教育に抜け落ちがちであった「実践的学問としての臨床心理学」を打ち出し、その核になる三本柱として「医療・福祉臨床領域」、「学校・特別支援臨床領域」、「真宗・ビハーラ活動領域」を設置しました。とくに「真宗・ビハーラ活動領域」は、「龍谷大学の建学の精神を重視した仏教カウンセリングを通じて、寺社活動やビハーラ活動にかかわる心理学的支援のあり方を研究」することを目的としており、建学の精神である「浄土真宗の精神」の考え方を背景にしたものです。

こうした特色のある「臨床心理学科」のガイドラインとなるべき教科書は、いろいろな先達の書籍に当たっても、なかなか適切なものが見つからないままでした。それならば、現在の教員の臨床実践の知識をわかりやすく提供することで、教科書としての意味を持たせようとの話が持ち上がり、本書の編纂となった次第です。ただ、現場に即した臨床心理学という位置づけ上、近接領域の実践現場について説き起こす必要があります。現場で必要とされている知識や実践力にはどのようなものがあるのか、また、それをわかりやすく説き起こすにはどうすればよいのか、本書編纂には各担当者の試行錯誤が見られました。

本書の目次設定をご覧いただければ、多くの方が一般的な臨床心

はじめに

理学の教科書との違いに驚かれるだろうと思います。それは，臨床心理学を核としながらも，近接する対人援助領域の全体を網羅すべく，各実践現場をできるだけ幅広く設定し，そこで必要とされている臨床心理学とのつながりがよりはっきり見えるようにしようと試みたためです。したがって，臨床心理学という学問の全体像を示すことよりも，社会的な対人援助現場が俯瞰できることを考慮し，それぞれの現場でどのような臨床心理学的知識や実践力が求められているのかを，できるだけ学生にとってわかりやすく説き起こして，示した内容となっています。また，臨床心理学的援助が求められている現場からの要請を整理したため，多くの臨床心理士にとっても，役立つ基礎的な内容となっていると思います。

最後に，本書の編纂を強く押し進めていただいたのは，ここまで龍谷大学の「臨床心理学科」の設置に多大なご助力をいただき，昨年を以て定年退職となられました友久久雄先生（龍谷大学名誉教授・京都教育大学名誉教授）でした。本書でもその一部を執筆していただいておりますが，本書編纂にかかわった著者を代表して，心よりお礼申し上げます。

本書を手にしていただいた学生や対人援助職にある人たちの実践が，より実りあるものとなること，そして臨床心理学が机上の理論で終わらずに少しでも困窮している人たちへの効果的な実践につながることを，心より願います。

2014年5月

編　者

目　次

はじめに

I　対人援助とは

第1章　対人援助職の基礎知識 …………… 吉川　悟 … 3
1　はじめに …… 3
2　誰を対象としているのか …… 4
3　どのように活用されるのか …… 5
4　臨床心理学の基礎となる4領域 …… 6
5　学問的なつながり …… 8
6　対人援助職ごとの基礎知識 …… 9
7　対人援助の基本姿勢 …… 13

第2章　職能間の協働 ………………………… 赤津玲子 … 15
1　はじめに …… 15
2　医学領域 …… 16
3　福祉領域 …… 18
4　教育領域 …… 20
5　産業領域 …… 21
6　司法領域 …… 23
7　おわりに …… 25

II 医療領域

第3章 精神医学と臨床心理学 …………… 武田俊信 … 29
1 はじめに …… 29
2 精神医学の歴史 …… 30
3 精神医学における診断 …… 31
4 精神の障害とその「原因」…… 32
5 精神医学的診断 …… 33
6 精神医学と臨床心理学 …… 35
7 臨床心理士の役割 …… 36
8 精神科臨床における臨床心理士の役割の実際 …… 37

第4章 心療内科と臨床心理学 …………… 東　豊 … 41
1 心療内科とは …… 41
2 診療の対象 …… 42
3 心療内科医と精神科医 …… 44
4 施設とスタッフ …… 46
5 臨床心理士の役割 …… 47

第5章 様々な診療科と臨床心理学 ……… 吉川　悟 … 53
1 はじめに …… 53
2 近接する診療科目の概要 …… 54
3 診療科に含まれない医学領域 …… 62
4 臨床心理学的援助の可能性 …… 66

Ⅲ 福祉領域

第6章 児童福祉と臨床心理学 ………………森田喜治 … 69
1 児童福祉施設とは …… 69
2 心理治療にかかわる児童福祉施設 …… 73
3 児童福祉施設での心理療法担当職員の役割 …… 78

第7章 高齢者福祉と臨床心理学 ………… 児玉龍治 … 83
1 はじめに …… 83
2 高齢期に起こってくる問題 …… 83
3 高齢者の生活を支える高齢者福祉 …… 85
4 高齢者施設 …… 88
5 高齢者施設における心理的支援 …… 90

第8章 精神保健福祉と臨床心理学 ……… 児玉龍治 … 95
1 はじめに …… 95
2 社会的入院 …… 95
3 精神保健福祉センター …… 97
4 精神障害者に対するサービス体系 …… 98
5 セルフヘルプ・グループ …… 99
6 自殺予防 …… 101

Ⅳ 教育領域

第9章 教育とカウンセリング ……………… 児玉龍治 … 109
1 はじめに …… 109
2 教育におけるカウンセリング導入の歴史的経緯 …… 109
3 児童・生徒が抱える問題 …… 111
4 教師による開発的カウンセリング …… 113
5 スクールカウンセラー …… 115
6 学生相談 …… 116
7 教育相談センター …… 118

第10章 生徒指導と教育相談 ……………… 小正浩徳 … 121
1 はじめに …… 121
2 生徒指導とは …… 121
3 生徒指導の歴史 …… 122
4 生徒指導の意義 …… 124
5 教育相談とは …… 125
6 教育相談の歴史 …… 126
7 学校教育相談の意義 …… 128

第11章 スクールカウンセリング ………… 赤津玲子 … 131
1 はじめに …… 131
2 スクールカウンセリングの経緯 …… 131
3 スクールカウンセリングの現状 …… 135

4 スクールカウンセリングの活動 …… 139
　　5 おわりに …… 143

V 特別支援臨床領域

第12章　特別支援教育の基礎と歴史 … 滋野井一博 … 147
　　1 障害を見つめる視点 …… 147
　　2 特別支援教育の定義 …… 150
　　3 特別支援教育の歩みとその背景 …… 151
　　4 特別支援教育の基本的理解 …… 154

第13章　発達障害と特別支援教育 …… 滋野井一博 … 157
　　1 発達障害の基本的理解 …… 157
　　2 支援者に求められる姿勢と体制 …… 159
　　3 生涯発達支援の視点に立つ特別支援教育 …… 161
　　4 学校における子どもたちの姿 …… 163
　　5 コミュニケーション機能への援助 …… 168

第14章　支援から共生へ ………………… 小正浩徳 … 175
　　1 特別支援教育における「共生社会」…… 175
　　2 「共生社会」とは …… 178
　　3 「インクルーシブ教育システム」とは …… 178
　　4 支援から共生へ …… 181

Ⅵ ビハーラ領域

第15章　ビハーラの原点 …………………… 友久久雄 … 187
1. なぜビハーラか …… 187
2. 仏　　教 …… 188
3. 釈迦の歩んだ道 …… 189
4. 釈迦の教え …… 192
5. 仏教の原理 …… 193
6. ターミナル・ケア …… 194
7. 死の臨床 …… 196
8. おわりに …… 200

第16章　現代におけるビハーラ活動と今後 … 伊東秀章 … 203
1. はじめに …… 203
2. ビハーラの始まり …… 204
3. ビハーラの広がり …… 206
4. ビハーラ活動の実践のための研究 …… 210

第17章　死の臨床におけるカウンセリングとビハーラ活動
………………………………………… 吾勝常行 … 215
1. はじめに …… 215
2. 日本社会における死の臨床 …… 215
3. 病院で死ぬ時代の看取り …… 218
4. WHOの健康の定義をめぐって …… 219

　　　　　　　　　　　　　　　　　　　　　　　　　　目　次

5　患者の全人的痛みを理解するために …… 222

6　死の臨床におけるカウンセリングと宗教的ケア …… 225

7　おわりに …… 226

索　引

I　対人援助とは

第1章
対人援助職の基礎知識

吉川　悟

1　はじめに

　臨床心理学という学問は，心理学的知識を対人援助の場で活用するために特化した心理学的知識の体系だといっても過言ではないと思います。人を対象とした近接領域の学術大系には，様々なものがあります。医学，生理学，看護学，福祉学，教育学などが，直接的に人とのかかわりそのものをどのように行うかを前提とした学問であり，ある種の対人援助を目的とした学問だと考えることができると思います。臨床心理学は，そうした対人援助の現場で，心理学的特性を基礎知識として人の困窮状態の改善のためにかかわることを前提とした知識体系です。

　臨床心理学の専門性を発揮できる可能性のある職能には，様々な活動を挙げることができます。社会的な総称としては，「対人援助職」と称されることもあります。この「対人援助職」の領域にかかわる専門家には，臨床心理士だけではなく，種々の専門性を持つ存在があります。そして，それらの近接領域の対人援助職の人たちは，臨床心理学的な知識の一部を活用した対人援助職であるとも考えられます。

I 対人援助とは

2 誰を対象としているのか

　対人援助の専門性を発揮するための対象は，身体的・心理的な困窮状態にある人たちです。どんな人にとっても身体的・心理的な問題は無縁なわけではありません。たとえば，体調を壊したときや精神的に困窮したときなど，多くの人にとって日常的に身体的・心理的な問題が生じる可能性がある状態です。対人援助という場は，特別な身体的な問題や精神的疾患を持つ人たちだけを対象とするものではなく，ごく普通の日常生活を送ることが困難となった状態にある人たちも対象にします。したがって，対人援助の対象となるべき人たちは，特別な存在ではなく，私たち自身がごく普通の日常の中で出会っている人であるということが重要です。

　臨床心理学の専門性は，これらの対人援助職の一領域として位置づけられています。それぞれの専門性が異なる特性に基づいた援助・支援を基本とするのと同様に，臨床心理学は，人の心理学的特性という専門的知識を基本とした対人援助となります。人を心理的に困窮しているという立場で考えることは，他の近接領域の対人援助職にとっても理解しやすいかもしれません。それは，援助の対象である人が自分たちと同様の社会生活を過ごしている人だから，自分の心理学的特性を参照して理解しやすいからです。

　しかし，日常的な対人援助の方法とは異なり，臨床心理学的な専門性はある種特別な知識体系にあるといっても過言ではありません。たとえば，意識していることであれば，誰でもがその意識の持ち方を変えられるはずであると考えがちです。しかし，私たちの日常を

考えた場合でも，それほど容易に意識の持ち方を変えるということはできません。それは，対象となる不合理な意識を単独で持っているのではなく，複雑怪奇ともいえる多くの経験則や既成知識との整合性を保つ中の一つとして，対象となる不合理な意識があるからです。これは，自分という全体を形作っている体系の中のある部分だけを変えることで，全体が影響を受けてしまうため，不合理とも考えられるような意識であっても，その一部である限りはなかなか容易には変化しづらいからです。

心理学的に体系化されている人という存在を変化させることは，容易に見えながらも，たいへんなことが多いと考えられます。こうした人の心理学的特性にかかわる知識は，「基礎心理学」として表現されることが多く，臨床心理学の基礎となる知識体系にあります。したがって，こうした基礎心理学の知識の上に臨床心理学が成立していることを知っておく必要があります。

3　どのように活用されるのか

臨床心理学的知識の多くは，机上の学問として活用されるものではなく，対人援助という現場の中で活用されることを前提としていると考えられます。それは，困窮している人たちとの直接的な接触を前提とした対人援助サービスを提供するという方法によって成立しています。

人を対象とした学問体系の中には，直接的な人との接触を前提としない社会学や薬学などもありますが，臨床心理学はまさに困窮している人との直接的なかかわりによって，その専門性が発揮できる

ものです。

　基本的な部分について考えてみれば，臨床心理学的な査定（アセスメント）によって，相談に来談した人が臨床心理学的にどのような特性を持っているかを評価することから始まります。そのためには，基礎心理学の視点の上に，発達心理学，生理心理学，人格心理学，コミュニティ心理学などの知識を活用して，はじめて臨床心理学的に評価が成立します。そして，これは，それ以降の各種の心理療法などを実施するという意味での臨床的な介入の方法を検討するために不可欠な行為です。

　また，こうした臨床心理学的な評価に基づいて，それぞれの相談にどのように対応することが有効か，いわゆる介入の方針を考える，見立てを行うことが求められます。このような介入の方針を考える場合には，精神分析，認知行動療法，来談者中心療法，家族療法，など，複数の介入モデルを参照しながら方針を立てていきます。

　ただし，臨床心理学の実践は，人を対象とした心理学的知見を駆使したサービスで，心という見えない実態に対する活動です。したがって，臨床心理学的実践は，臨床的なデータに基づいてのみ，心という見えない実態をモデル化し，理解しようとするものです。心理学の研究知識をそのまま活用するのではなく，臨床心理面接の場面で得られた個別のデータに基づいており，できる限り実証性（evidence-based proof method）が求められている実践です。

4　臨床心理学の基礎となる4領域

　臨床心理学は，日常生活での困難感を伴っている心理的問題を持

つ人,すなわち,精神疾患や心身的障害を持つ人たちを主な対象として,独自の立場からの対人援助を行うための学問体系です。いろいろな対人援助職の中でも,臨床心理学の専門性を用いた対人援助を行うには,様々な専門知識に習熟しておく必要があります。こうした臨床心理学の専門性には,4つのガイドラインがあるとされています。

(1) 臨床心理査定

「臨床心理査定」とは,比較的よく知られている心理テストや発達検査などを実施することで,人を心理学的に理解するための方法です。これは,援助を求めている人が心理学的にどのような状態にあるかを理解するために行うもので,「クライエントを心理学的に理解する」ための特別な手法です。

(2) 臨床心理面接

「臨床心理面接」とは,クライエントに心理的援助を行うときに用いられる各種の心理療法を実施することで,直接的な心理学的援助を実践するための方法です。心理的な問題を解決するためには,多様な心理療法が存在しています。それらの手法をクライエントの状態や相談での要請に応じて活用し,心理的援助を達成することが求められます。

(3) 臨床心理的地域援助

「臨床心理的地域援助」とは,臨床心理学の専門性を用いて,クライエントではない人を対象とした相談のことで,一般的にはコン

サルテーションや予防的な講演・教育活動などによって，広く一般の人たちに対する心理学的特性を用いた相談を行う方法です。通常の相談とは異なり，臨床心理学の知識や経験を駆使して，援助の場に関与している人たちの活動が効果的になるための支援を行うことです。

（4）臨床心理調査・研究

「臨床心理調査・研究」とは，心理査定・心理面接・地域援助などの臨床心理学領域の実践を学術的に検証し，学問的発展や貢献を行う方法です。臨床心理学が実践を基本とした学問であるため，学術的な場において日々の対人援助活動を検討したり，実践活動での新たな知見を社会に還元するなど，専門的な知識を基礎とした社会貢献を行うことです。

5　学問的なつながり

臨床心理学における4つのガイドラインが臨床心理の専門性として位置づけられていますが，臨床心理学以外にも，多くの近接領域の対人援助職があり，それぞれに異なる専門性があることを意識しておく必要があります。近接領域の専門性は，臨床心理学的専門性と類似した内容・方法が多く見られるため，協働的に援助を行えれば有効性は高まりますが，職能領域の重複が生じることで，不適切な重複する支援を実施してしまう危険性もあるからです。こうした不適切な専門性の重複を避けるためには，間違いのない専門性を駆使するだけではなく，近接領域の対人援助職の特性について理解し

ておく必要があります。

対人援助の専門性については、いくつかの学問的な分類が可能です。それは、医学、生理学、看護学、福祉学、教育学、臨床心理学など、人の生活での困窮にかかわるサービスごとに学問体系がつくられています。それぞれの学問体系は、臨床心理学のような心理学的知見とは異なるそれぞれの視点を前提として、対人援助のあり方についての体系が成立しています。表面的には類似する対人援助職なのですが、それぞれの意図や目的・考え方は、微妙に異なる部分があるのです。

臨床心理学的な専門性を駆使した対人援助を実践的に行うためには、こうした近接領域の専門性を持つ対人援助職の人たちと、協働的な実践が行える必要があります。それは、人が困窮しているときには、心理学的な困窮だけではなく、多彩な困窮理由が存在するからです。その多彩な困窮理由の各種の原因を解消するためには、必然的に近接領域の専門性を持つ対人援助職と協働的な援助をする必要が実践場面では生まれるからです。

6　対人援助職ごとの基礎知識

こうした対人援助職の学問的な違いの詳細や特徴については、次章にその詳細が記されているため、ここではそれらにとって横断的に必要とされている基礎的な知識について示すこととします。

（1）基礎的な医学の知識

医学の基礎となる考え方は、生物科学の考え方です。人は様々な

器官の複合体として存在しています。他の生物も同様に，複数の異なる細胞の集合体として存在しています。医学で用いられる考え方は，人をこの生物の基本となる細胞の複合体として考えることから始まります。そして，それぞれの骨格，筋肉，神経，そして脳を含む臓器などの各器官が相互に一定の機能を果たすためのかかわりを作り上げていると考えるのです。

　医学領域の専門性は，こうした一定の器官や機能ごとに分類されていることが多く見られます。内科，外科，脳神経科，皮膚科，耳鼻咽喉科などが主要な分類となります。そして，それぞれの専門性を追求した援助を行っていますが，基本となる考え方は，やはり生物科学の立場です。

　臨床心理学の立場の対人援助を行うためには，「基礎医学」の知識を把握することが必要条件となります。医学知識はたいへん幅の広い知識であり，その全体を網羅することは，各科の医師にとっても困難を極めるものですから，そこに共通する「基礎医学」の知識に触れておくことが，臨床心理学的支援の実践には不可欠だと考えられます。

(2) 基礎的な看護学の知識

　看護学の基礎となる考え方は，医学同様，生物科学の考え方であり，加えて対人関係のあり方によって援助を行う立場です。人が何かの疾病に罹患したとき，日常生活を自分一人では過ごせない状態になることがあります。それが疾病や外傷などによる場合，疾病についての知識を持ちながら，日常性を維持できるようにするための支援をすることが必要となります。それが看護学のもっとも基礎と

なる立場です。

看護学領域の専門性は,一方に各領域ごとの医学的知識の基礎を持ちながら,疾病や外傷のために困窮して日常性を維持できない人への直接的な援助を行うことが求められます。ただし,看護学の知識を基本とした専門性には,病医院に勤務している看護師だけではなく,地域活動をしている保健師も含まれます。これは,看護師資格とは別の国家資格に合格する必要があり,職務内容も保健にかかわる予防的な立場の活動が中心となっています。

臨床心理学の立場の対人援助を行うためには,「看護学」の知識を把握しておくことも有効です。看護学の知識のうち,直接的な対人援助にかかわり,かつ心理的な問題に近い援助にかかわる場面,たとえば患者さんの急病・事故・死去などに伴う関係者への対応などにかかわる知識は,臨床心理的地域援助とも深くかかわります。したがって,看護の実践的な場面における知識に触れておくことは,臨床心理学的支援の実践には有効であると考えられます。

(3) 基礎的な福祉学の知識

福祉学の基礎となる考え方は,憲法で保障されている生存権を社会的に実践しようとする立場です。人は生まれながらにして自立的に活動できる生物ではないため,家族や社会から様々な支援を受けることによって,生存が保障される存在です。子どもであれば親や親族からの支援を受け,大人であっても社会や地域からの支援を受けています。高齢者や各種の障害者も,社会的な生存権を保障されるべき存在であると規定されています。そのためには,生存のために必要とされるような各種の支援を受けることが難しい場合,それ

を公的に保障するということが求められることとなり，それを実践する立場が福祉学の基本だと考えられます。

　福祉学領域の専門性は，こうした多様な対象者に対する日常性を維持するための支援であるため，多様に職種が設定されています。児童福祉，高齢者福祉，障害者福祉などと，対象ごとに分類される領域があります。また，職名として社会福祉士，精神保健福祉士，ソーシャルワーカーなど，名称は職能ごとに多様に存在しています。しかし，基本となる考え方は，やはり生存権の維持のための公的サービスの提供という立場です。

　臨床心理学の立場から対人援助を行うためには，体系的な「福祉学」の基礎概念以上に，自らの活動領域にかかわる「福祉職」の職能を把握することが必要です。福祉学の知識は，対象や職能ごとに幅の広い知識が必要とされているため，全体を網羅することは，福祉専門職にとっても困難を極めるものです。そこで，自らの活動領域に近接する福祉職員の職能の知識を理解しておくことが，臨床心理学的支援の実践には不可欠だと考えられます。

（4）基礎的な教育学の知識

　教育学の基礎となる考え方は，発達学の考え方です。人は誕生から死去まで，多様な面での発達を遂げる存在です。教育学においては，そうした人の発達過程の中での社会的存在としての振る舞いや精神的・知的能力の向上を促進するためのかかわりが中心的な課題です。人の発達は，その環境的な要因によって大きく左右されるもので，教育学は，どのように人を導くことがどのような人格を形成するのか検討し，それを実践的に行うことを前提とする立場です。

教育学領域の専門性は，幼稚園段階から大学まで，先生という立場からのかかわりを思い出してもらえれば，その実践がどのようなものかがわかるかもしれません。いわゆる教育方法学や教授学だけではなく，人の発達に応じた教育課題の設定を検討したり，より効果的な学習意欲の喚起の仕方を検討したり，そもそもどのような知識を提供すべきかを検討することなどがあります。

臨床心理学の立場から対人援助を行うにあたって，「教育学」の基礎となる知識を把握することにより，臨床心理学的援助との大きな違いがわかりやすくなります。教育学的対応は，基本的に正しい知識を提供するという姿勢に基づくものであるため，臨床心理学の立場から見れば，教条的にうつるものかもしれません。しかし，その知識提供という方法的側面は，臨床心理学においても不可欠なものであり，「教育学」の知識に触れておくことは，臨床心理学的支援の実践には不可欠だと考えられます。

7　対人援助の基本姿勢

対人援助の現場に直面する中では，援助の対象が「人」である以上，友好的な対人スキルの行使が求められ，基本となる人の尊厳に対する配慮を失わない姿勢が求められます。それは，人が人に対して援助を行うということそのものは，突き詰めて考えた場合ある種おこがましい行為であると考えられるからです。クライエントと称される存在が日常性の維持が困難であっても，私たちのだれもがその立場になる可能性をつねに持っている限り，「人にされたくないことをしてはならない」という基本的な行動原則があることは，誰

でもすぐに気がつくと思います。

　また，問題を抱えている人は，人として問題があるのではなく，問題となる部分があることで，日常的に困窮している人です。それは，その人のすべてが疾患によって影響されているのではなく，疾患の影響を受けている一部があると考えるべきです。くわえて，現在は高度に科学的な論証という学問的背景をもつ対人援助行為ですが，その根源的な援助関係は，「人の悩みがあるからこその専門性である」と考えられます。したがって，基本的にはクライエントに対して人の尊厳に対する配慮をむけることが絶対的な条件であると考えます。

　過去において臨床心理学の専門性を発揮している人たちの中には，臨床心理学という専門性に特化した特別な存在である一方で，一部では「蛸壺心理士」と揶揄されるような職業的社会性を示していた人たちも存在したとされています。これは，近接する職能をもつ専門職との間で，適切なコミュニケーションが取れず，職業集団の中で孤立していることを比喩的に述べたものです。このような臨床心理学の世界に特化した専門性だけを主張し，職業集団に適切にかかわれないような心理職は，今後は淘汰されるべき存在になっていくことを知っておいていただきたいと思います。

第2章

職能間の協働

赤津玲子

1 はじめに

　人を援助する職業には様々な職種があり，援助職の働く現場も様々です。たとえば，保育士は一般的に，幼稚園や保育所で働くものと思われています。しかし，実際には児童相談所や児童養護施設，乳児院でも保育士が働いています。様々な援助機関は，それぞれの目的のもとに機能しているので，同じ職種でも異なる現場で働くということは，その機関に合わせて専門性を生かす方向が決められているということです。言い換えれば，その機関に合わせた専門性が求められているのです。そのため，組織独自の目的を把握し，求められている対応をしなければなりません。対応の要は，他職種との協働です。

　たとえば，児童相談所のソーシャルワーカーが家庭訪問をしたときに，虐待されている子どもに命の危険が迫っていることを把握したとしても，その場でその子どもを児童相談所に連れて帰るわけにはいきません。幼稚園で働く保育士が，今日は天気がいいからお散歩に行こうなど，急に自分のクラスだけ勝手に園外に連れ出すことはできないでしょう。

このような日常的,常識的なこと一つをとっても,組織の中で何かをしようとしたときに,自分一人では何もできないということがわかります。協働とは,お互いの声かけ一つでできるものから,情報を共有し,話し合いを重ね,それぞれの専門性を生かした援助を行うことまで,多くのレベルで行われています。挨拶や声かけなどは,小さなレベルの協働と言えるでしょう。ケースカンファレンスのセッティングや実際の話し合い,その後の対応などは大きなレベルの協働です。どの現場も,慌ただしい毎日の中で多忙を極めています。そのため,相談者(クライエント,患者,相談者,来談者など,現場によって表現が異なります)に対する専門性を生かすには,その前提として自分自身の周囲や同じ機関の他の部署,外部の連携機関などとの良好な関係が必要です。

ここでは,様々な援助機関の目的と,その現場で働く人たちの専門性について紹介します。どの現場でも協働が必要になりますが,可能な限りわかりやすい例を提示しながら,考えていきたいと思います。

2　医学領域

総合病院のようにたくさんの診療科目を標榜(病院が外部に広告すること)している病院から,家庭医として地域援助的なかかわりをしている内科まで,様々な病院があります。中でも臨床心理学の近接領域では,精神科病院や心療内科が挙げられるでしょう。精神科病院は,精神障害者のための入院施設を備えています。薬物療法はもちろんのこと,デイケアなど社会復帰のためのプログラムや,

退院後の社会生活を支援するグループホームの運営など，様々な取り組みがなされています。デイケアでは，患者さんの親たちが親の会などを立ち上げ，主体的に活動しているところもあります。

　一人の患者さんが，入院から退院，通院に至る過程の中で，医師や看護師の他に，精神保健福祉士（以下，PSWとする），作業療法士，臨床心理士など様々な専門職に出会います。受付事務や栄養士など，組織を支える人たちも欠かせません。そして，慌ただしい毎日の中の限られた時間で，一人の患者さんのために，ケースカンファレンスが行われます。医師は患者の症状や服薬状況など，身体的な状態を報告します。病棟の看護師は，病棟での患者さんの様子などを報告します。ときには，他の入院患者とのもめ事などで困っている話が報告されることもあります。訪問看護師であれば，訪問したときの患者さんの様子だけでなく，自宅の状況についても報告します。PSWは，患者さんが地域でどのようなサポートを受けているのか，今後何が必要かなど，社会生活を営む上で必要な手続きや状況などについて報告します。作業療法士は，様々な作業を通じて，本人の技能や能力を促進したりアセスメントをして，周囲の人たちとのコミュニケーションスキルなどを報告します。臨床心理士が，心理検査の結果や面接結果を報告する場合もあります。

　たとえば，このような報告を通して，PSWが本人に勧める作業所などへの就労がうまくいかないのは，母親の過干渉の影響が大きいと報告したとします。一方で，訪問看護師が，一人暮らしのアパートを訪ねたときに，あまりの不衛生さに驚き，母親がもっとかかわるべきだと主張したとします。PSWは，本人が社会生活を営めるよう援助しますが，訪問看護師は本人の健康状態を第一に考え

ます。両者は異なる領域で母親との関係を問題視していることになります。お互いの専門性における援助の基本は何であるのか，その立場を理解する必要があります。医療機関では，生命にかかわるような事態も起きますので，様々な援助が同時進行で行われる必要があります。そのためには，一人で考えて独断で行動することが，援助者間の亀裂を生むことを十分に配慮することが大切です。

3　福祉領域

　精神保健福祉センター，福祉事務所，児童相談所，児童福祉施設などは，地方自治体によって設置が義務づけられているなどの福祉領域の専門機関です。

　精神保健福祉センターは，精神医療の相談，精神障害者のための就労や社会復帰の相談，薬物，アルコール，思春期相談など，精神保健に関する相談を受け付けます。福祉事務所は，身体障害者手帳や療育手帳の交付，母子家庭支援，保育所入所手続き，生活保護の手続きなどを行っている専門機関です。自治体によっては，家庭児童相談所などの名称で，子どもと保護者への支援を行っているところもあります。児童相談所での相談内容は，虐待，不登校，発達障害，非行などで，子どもとその保護者に関する幅広い援助を行います。児童福祉施設には，保育所，児童養護施設，情緒障害児短期治療施設など様々なものがあります。中でも，児童養護施設は，家庭環境が不適切であるなど，何らかの事情で環境上養護を要する児童を養育するための施設です。保育士，児童指導員，臨床心理士などが働いています。近年は，虐待により保護者と離れて暮らさざるを

得ない子どもたちが増加しています。子どもたちは児童相談所で一時保護をした上での入所となります。また，里親制度などがあるので，児童相談所との連携が欠かせません。

　福祉領域では，様々な援助機関同士の連携が欠かせません。精神保健福祉センター，福祉事務所，児童相談所はみな相談窓口を持っています。そして，精神科医，看護師，作業療法士，PSW，保健師，ソーシャルワーカーなどの専門職が配置されています。

　たとえば，母子家庭の相談で福祉事務所の窓口を訪れた場合，母子家庭の手当て以外に子どもの発達障害を指摘されている旨を相談したら，児童相談所で判定をしてもらうように言われるなど，援助機関同士の連携が欠かせません。どこの誰がこう言ったという情報が回っていく中で，情報が適切に伝わらず誤解が生じたりします。専門機関の方は，何が必要であるのか全体がよく見えていても，相談者の方が言われたことをすべて理解しているわけではありません。専門家同士でかわす言葉と，相談者を相手に話す言葉の使い方に注意する必要があるかもしれません。また，行政機関なので毎年の人事異動があります。そのため，前年にやりとりをした担当者が次年度にその部署で勤務しているのかどうかわかりません。相談者の方にすると，何度もはじめから説明せざるを得ないような事態が生じる場合があります。

　福祉領域における専門機関同士の連携では，お互いの顔が見えることが何よりも協働につながります。可能な限りフットワークが軽い方が望ましいのですが，日常業務があまりにも多忙であることが指摘されており，思うようにはいきません。相手との短いやりとりの中で，伝えたいことを相手にわかりやすく説明できること，お互

いに必要な情報を把握し，その共有を図ることなどが大切です。

4　教育領域

　教育領域には，保育所，幼稚園，小学校，中学校，高等学校，大学と，子どもの発達段階に応じた教育専門機関があります。保育所と幼稚園は，子どもを保護する側面と教育する側面の両方が重視されており，そのバランスが施設によって異なっているようです。また，公立と私立で運営の指標や施設の雰囲気が異なっています。現在，保育所や幼稚園では，巡回などの形式で保育士から子どもたちの相談を受けるシステムがあります。自治体が行っている場合もあるし，法人が行っている場合もあります。巡回指導員は，行政職員や臨床心理士，保育士など様々です。

　小学校，中学校，高等学校は教育機関と言えます。教職員が子どもたちにかかわる他に，現在ではスクールカウンセラー制度が普及しています。スクールソーシャルワーカーなど，ケースワーカーを配属している自治体もあります。大学には学生や教職員の健康維持のための保健管理センターが設置されており，医師や看護師，相談業務に携わる臨床心理士などが働いています。教育現場でも，カウンセリングマインドなどと称されるように，心へのアプローチが必要だと言われるようになりました。

　教育現場全体で，教職員の精神的な負担が増えています。とくに，担任をすると，教室マネージメントによって，学級の雰囲気が大きく変わります。一人一人と話すといわゆる「いい子」でも，集団になるとまったく違う顔を見せます。荒れたクラスの担任の先生は，

毎朝起きることがしんどくなったり，学校が近づくと憂うつになったりします。このような状況は，担任の先生の能力によると言われることが多いのですが，一方で，集団を形成する子どもたちの特徴が大きく影響していることもあります。

　おそらく，一番考えなければならないのは，担任が一人で抱え込まないことです。現在は，スクールカウンセラーの配置がなされており，教職員が相談できるようなシステムがあります。しかし，学級が荒れている先生や，学級の中に不登校になった子どものいる先生は，自分で何とかするのが仕事だと思っています。周りの先生方も，声をかけにくくなったりするため孤立する場合もあるし，管理職からの叱咤激励で萎縮して自信をなくしてしまう場合も多々あります。スクールカウンセラーがかかわるにしても，他の教職員がかかわるにしても，その先生を責めずに，まずは話ができるような関係をつくることが大切です。その上で，たとえば担任の先生だけではなく学年の問題として扱ったりするなどの工夫をすることも有効です。

5　産業領域

　事業者は，労働者数50名以上の事業場に一人の産業医を置くことが，法律で義務づけられています。一般企業でも，大きな事業所などになると，保健師や臨床心理士などを心理相談員として雇用しているところがあります。精神科医や相談員は，調子が悪い社員への対応の他に，企業内のメンタルヘルス対策を任されることがあります。また，自治体にはハローワーク（公共職業安定所）の設置がな

されており，職業紹介，雇用保険の受給手続き，雇用主が雇用に関する助成金を申請するサービスを無料で受けることができます。正規職員は国家公務員ですが，非正規雇用で働く人も多いのが現状です。

産業領域では，うつ病による自死が大きく取り上げられています。現代では，過剰労働を強いられたり，言葉によって精神的に追いつめられたりしている現状が，遺族の訴訟によって明らかになってきています。問題は，企業から見たら，メンタルの問題を抱えた社員はリスクとしか考えられないことです。しかし，過剰業務によってうつ病に罹患する人の多くは，誰よりも責任感があり，やる気があり，努力家であったりします。昇進によって，そのプレッシャーでうつ状態になる人もいるし，人間関係をマネージメントできずに体調不良になる人もいます。

たとえば課長のような役職の人が，自分の部署の社員がうつ病で休職し，復職してきたとしたら，どのように対応したらいいのかわからないのは当然です。課長としては少ない人数で仕事を回して利益を上げるのが本来の仕事ですから，復職者への対応は大きな負担となります。しばらく面倒を見てくれと管理職から言われても，どの程度の仕事の負荷をかけていいのかわかるはずがありません。

心理相談員として企業に勤務した場合，個人へのサポートも重要ですが，それ以上に管理職や上司へのコンサルテーションが大切です。もちろん，そのようなかかわり方をさせてもらえる企業であればという前提です。その場合，会社という組織全体について，職場内の上下関係など人間関係を把握しておく必要があります。そのため，相談員には臨床心理学的知識以上に，社内の人間関係に積極的

に関与していくような、関係構築活動とも言えるようなスタンスが求められます。もちろん、前提として企業の許可があればということになりますが、さらに言うと、そのような「動きやすさ」をつくりだすのも、自分の役割の一つとして考えることができるでしょう。企業内における相談業務では、自分に与えられた権限を把握した上で、協働をつくりだすような働きかけも大切です。

6　司法領域

臨床心理学の近接領域だと、少年院や少年鑑別所、家庭裁判所などが挙げられます。少年鑑別所で非行少年の処遇を決めるための検査や調査を行うのが、法務技官です。少年鑑別所に勤務する法務技官の仕事は、家庭裁判所によって送致された少年の面接や心理検査を行い、非行に至った原因を見出し、どのように立ち直らせたらいいのかという指標を明確にします。作成された鑑別結果通知書は、家庭裁判所での審判や、少年院での指導・援助に活用されます。家庭裁判所は、離婚やDV問題など家庭に関する問題を解決したり、非行少年の処分を決めるところです。法律的な解決だけでなく、事件にかかわる人たちの人間関係や環境などを考慮した対応が求められます。家庭裁判所でこのような問題の調査を行うのが、家庭裁判所調査官です。

司法領域で臨床心理学的な視点を持つことは、担当者にとって非常に負担となる場合が多くなります。司法は、客観的な事実にもとづいて法的な措置を強制的に取らなければならない側面がありますが、臨床心理学的な視点は、あくまで本人の主観的な見方を重視し

ます。たとえば、DVの加害者であれ、犯罪を犯した非行少年であれ、司法から見ると法を犯した人になります。しかし、DVの加害者の成育歴があまりにも劣悪であった場合、本人に全面的に非があるとは言えなくなるのが臨床心理学的な視点です。これら2つの視点は、水と油のようなもので、担当者のスタンスによってどちらを重視するのかも様々です。司法という守らなければならない指標があっても、当事者も人、担当者も人なので、多様な解決法が考えられます。

　このような職業に就く人の大きな負担の一つに、自分自身の感情的な問題があります。それは、ケースへの「思い入れ」と表現できるかもしれません。たとえば、家庭裁判所調査官にとって、やらなければならない仕事は、調査や面接をした上で、その調査報告書を書くことです。論理的な説明が必要とされるのですが、自分自身が情緒的に巻き込まれているとそれが難しくなります。また、自分でも気づかないイライラや腹立ちが募って、協働しなければならない周りの人との関係が悪化することもあります。一人で抱え込まないことが大切なのですが、ほとんどの現場は業務過多状態なので、それも難しくなります。このような現場での協働は、他機関との関係というよりも、上司や同僚との円滑なコミュニケーションが大切です。そのような時間はなかなかなく実際には難しいのですが、お互いに悪い人ではないということが理解できているという前提があるだけで、書類1枚のやりとりなど、日常的な業務での協働が可能になることもあります。

7　おわりに

　様々な援助機関の目的，現場で働く人たちの専門性について説明し，各領域別に例を挙げながら協働について考えてきました。ここに挙げたのはほんの一例であって，どの領域でも同様の困難さが生じます。ここまで読まれたら，他職種との協働にとって大切なものが何であるのか，少しイメージできたと思います。

　それは，「やさしい人柄」や「明るく前向きな性格」，「身を粉にして働く精神」などではありません。むしろ，それだけを自分の長所と考えることは早計です。ここまで述べてきたように，協働するということには，自分自身の専門的知識だけではなく，同じケースを他の専門家がどのように見ているのかについて理解することが欠かせません。その上で，何もかも自分がやらなくてはという意識ではなく，たとえば自分にできるような些細な電話や確認なども，他の専門家に依頼するのが筋である場合があります。面倒だからやってしまおうという小さな親切行為が，適切な援助につながらないかもしれません。

　そのような意味から，職場内における自分自身の権限にも留意する必要があるでしょう。本人の母親を呼び出す権限があるのかというような大きな権限から，子どもに飲み物を与える権限があるのかなど，小さなものまでを含みます。それを超えて何かをすることによって，周りとの関係がぎくしゃくすることがあります。自分なりによかれと思ってやったことが，裏目に出てしまうことが多々あります。

Ⅰ　対人援助とは

　最後に，必ず必要なものとして，人としての最低限のマナーが挙げられます。挨拶から立ち話まで，職場での立ち居振る舞いはすべて，周りからアセスメントされています。これは，他機関との協働においても同様です。人とかかわるためのコミュニケーション能力が必要とされますが，完ぺきな人はいません。人の意見に耳を傾け，謙虚な気持ちで受け止めたり，わからないことを教えてもらうという姿勢も大事です。最低限のマナーは，日々の学びの中で積極的に身につけていきましょう。

II 医療領域

臨床心理士が働いている主な領域の一つが医療領域です。精神科や心療内科の病院・診療所が中心ですが，最近では小児科や産科婦人科等にも多くの臨床心理士が見られるようになってきました。

　この領域の臨床心理士の表面的な特徴は，通常「白衣」を着ていること，「医学的診断」に関心が高いこと，対象者のことをクライエントさんではなく「患者さん」と呼ぶこと，心理面接等自身の行為について「治療する」と表現することが多い等です。しかし，本質的な仕事の内容が他の領域の臨床心理士と比べて異なっているわけではありません。また，多職種の人たちと連携して仕事を進めることも他と同様です。ただし，医療領域においては医師の社会的な責任性がきわめて重いので，臨床心理士も「医師の指導や監督の下に業務を行う」ことが求められています。しかしそれは，「対等ではないから受け身でよい」という意味ではありません。いわゆるチーム医療の中で，臨床心理士も自分の考えや技術を積極的に提供していく必要があるのです。

　第Ⅱ部では，「精神医学（精神科）」「心療内科」「様々な診療科」の3つの章に分け，それぞれの特徴を明確にしていきたいと思います。

第3章

精神医学と臨床心理学

武田俊信

1 はじめに

　精神医学という言葉は1808年にドイツのライル（Reil, J. C.）によってはじめて用いられたと言われています。ライルは感覚器官と全体感情に治癒をもたらす精神的方法として精神医学を規定しました。つまりライルの精神医学の定義は今日でいう精神療法に近いものでありました。同じくドイツのクレペリン（Kraepelin, E.）は，19世紀の終わりから20世紀初頭にかけて，精神医学の教科書の版を重ね，1989年に早発性痴呆（後の統合失調症の一亜型），躁うつ病の二大疾患単位を柱にいわゆるクレペリン体系を構築します。ここでクレペリンは精神の異常を病理解剖学的見地，病因論的見地，臨床的見地から整理し，疾患単位としてまとめあげます。ここではじめて精神医学が医学の一分野としての独立性を主張できるようになったとされています。そのためクレペリン体系は現代精神医学の基礎とされているのです。精神医学の定義を簡潔に言うと「精神の異常ないし病的状態を扱う医学の一分野」ということになるでしょうか。

Ⅱ　医療領域

2　精神医学の歴史

　1793年のフランス革命時代，フランスの公立精神科病院ビセートル付の医師だったピネル（Pinel, P.）が鎖に繋がれていた精神障害者を解放したのが近代精神医学の始まりとされますが，ここでは，現代精神医学の礎となったクレペリン以降の精神医学の歴史をみていきましょう。1911年にスイスのブロイラー（Bleuler, E.）は「早発性痴呆」に痴呆にならないものも含めて，新たにその症状の心理学的な理解を加え「統合失調症（Schizophrenie）」と命名しました。統合失調症の基本障害としてはアンビバレンツ，連想の弛緩，自閉，感情障害が挙げられます。このクレペリンに代表されるドイツの記述的精神医学は，病気の症状をみて病者の心をみないという批判がつきまといました。また当時の診療対象は主に精神科病院の入院症例であったことから，神経症・ストレス関連障害に関する心理的機制の分類・診断には不十分なところがありました。

　オーストリアのフロイト（Freud, S.）が打ち立てた精神分析学は1895年の『ヒステリー研究』に始まり，精神療法を主体とする治療のための心因論を土台としており，主として診断のための身体因を基礎とするクレペリン体系とは，対立するものでした。抑圧と無意識，リビドー説，幼児性欲説，自我構造論などを基礎とする精神分析理論は，アメリカで力動的精神医学として発展しました。力動的精神医学は様々な形で精神医学の領域を広げる一方で，診断・治療に心理的要因を過剰視する傾向が生じたとされます。

　1951年に外科麻酔の補助薬のクロルプロマジンが統合失調症の興

奮や幻覚・妄想に有効なことが発見されました。つづいて多種類の抗精神病薬，抗うつ薬，抗不安薬，抗躁薬がそれに続きました。各種の向精神薬がそれぞれの精神障害に特異的に奏功することは，各精神障害にある程度特異的な身体的変化があることを示唆するものとされ，MRI，事象関連電位，遺伝子解析など神経科学の飛躍的な進歩も相俟って，生物学的精神医学が20世紀半ばには主役の座につきました。その間の1960年代後半から1970年代前半には，精神医療に対する異議申し立てが世界規模であり，それは精神科病院のあり方から精神医学研究の是非にまで及びました。生物学的精神医学が盛んになると，疾患群と対照群の比較検討が進められ，国際間の交流も飛躍的に増加して，共通の用語によるコミュニケーションの必要性がいっそう切実になりました。それに呼応するように1980年代には「記述的─無理論的」なカテゴリー分類であるDSM-IIIが発表されました（DSMの診断とその功罪については以下で述べることとします）。生物学的精神医学では精神疾患の脳や遺伝子の様々な変化（変異）が報告されましたが，感染症やその他の身体疾患の場合と根本的に異なるのは，これらの諸変化が精神疾患群と正常対照群とのグループ間における統計学的差異であって，（少なくとも現時点では）個々の症例の臨床診断に利用できる顕著な身体所見でないことです。

3 精神医学における診断

診断は目の前の精神的現象を詳細に正しく把握することから始まります。その作業は心理的な共感（静的了解）をふくめて，すべて

「現象学」の課題です。その現象の発現要因を検討する方法には、それが身体的原因から生じたことを物理・化学的所見をもとに解明する「因果的説明」と、それが心理的原因から生じたことを心理的・体験的に理解する「発生的了解」があります。精神科の診断は、現象学と因果的説明と発生的了解の検討・考察により成り立ちます。ここで精神現象を把握する場は人間と人間の関係の場であり、症状をもっている人は一人の人間で、単に対象化して観察すれば症状がとれるというものではなく、よい人間関係（信頼関係）を築く中で症状についてよい情報が得られる（サリバン（Sullivan, H. S.）のいう「関与しながらの観察（participant observation）」）こと、また症状を把握しようとしてする質問が相手を傷つけ、あるいは不安を高める場合があることに精神科臨床にかかわるものは留意すべきでしょう。

4　精神の障害とその「原因」

古典精神医学では、原因によって病気を3つに分けていました。〈外因＝身体因〉は「心からみて外のレベル」つまり脳腫瘍などの身体病が原因という意味です。〈内因〉は「（今のところ）原因不明」ということで、統合失調症や躁うつ病がこれにあたります。〈心因〉は「心の問題が原因となっておこる」ということです。失恋や親の死、逆に思いがけないうれしい事件でも、外の世界で起きた出来事が心におこす衝撃を「原因」とみるので心因といいます。〈心因〉には心因反応や神経症が含まれます。この3つは容易に区別できない場合も多いのですが、臨床上便利なので現在でも使われます。〈外因〉がないかを確かめ、〈内因〉かどうかを吟味し、〈心

因〉を考えるという順番の方が安全だからです。脳腫瘍などによる精神症状を見逃すのは生命にかかわるので、〈外因〉の診断が最優先となります。また統合失調症を神経症と誤る場合の方が、逆の誤診よりも一般に罪が深いとされています（中井, 2001）。

5　精神医学的診断

現在、DSM という操作的な診断体系（明確な診断基準を設けることで診断の信頼性を高めることを目標としています）が世界的に採用されていますのでここで紹介します。DSM-IV-TR には、16個の障害の概念が含まれています（表3-1。すでに2013年に DSM-5 が発表されていますが、日本語の定訳がまだないためここでは触れません）。

また DSM-IV では総合的かつ系統的な評価を行い、生物・心理・社会的モデルを適用することを前進させるために表3-2のような多軸システムを導入しています。先に触れた古典精神医学の「原因」がここに反映されているのが見て取れます。

DSM は独自の精神医学的診断体系をもっていたフランスでさえ受け入れることになるほど世界的に広がり、精神医学の臨床・研究に携わるものの共通言語となりました。この体系が不完全であるとの批判がありますが、現実に通用する体系に数学的完全さを要求するのは無理な注文です。そもそも DSM ははじめから改訂が予定されている「作業仮説」であり訂正があって然るべきものなのです。操作的診断基準を用いる際に注意すべきこととして、診断項目に当てはまる数を安易にかぞえて診断してしまうことが挙げられます。これは精神症状の「現象学」の軽視によるマニュアル的診断であり、

Ⅱ 医療領域

表3-1 DSM-IV-TRにおける障害概念

1. 通常,幼児期,小児期,または青年期に初めて診断される障害(精神遅滞,学習障害,広汎性発達障害,注意欠陥/多動性障害,トゥレット障害など)
2. せん妄,痴呆,健忘性障害,および他の認知障害
3. 一般身体疾患による他のどこにも分類されない精神疾患
4. 物質関連障害(アルコール依存,アンフェタミン依存,大麻依存など)
5. 統合失調症および他の精神病性障害
6. 気分障害(大うつ病性障害,双極Ⅰ型障害,双極Ⅱ型障害など)
7. 不安障害(パニック障害,全般性不安障害,強迫性障害,外傷後ストレス障害など)
8. 身体表現性障害(転換性障害,疼痛性障害,心気症など)
9. 虚偽性障害
10. 解離性障害
11. 性障害および性同一性障害
12. 摂食障害
13. 睡眠障害
14. 他のどこにも分類されない衝動制御の障害
15. 適応障害
16. パーソナリティ障害

(出所)American Psychiatric Association, 2000/2003

表3-2 DSM-IV-TRにおける多軸システム

第Ⅰ軸	臨床疾患,医学的関与の対象となることのある他の状態
第Ⅱ軸	パーソナリティ障害,精神遅滞
第Ⅲ軸	一般身体疾患
第Ⅳ軸	心理社会的および環境的問題
第Ⅴ軸	機能の全体的評定

(出所)American Psychiatric Association, 2000/2003

診断項目の機械的な問診によって、精神科診断の人間的交流が希薄になる恐れがあります。従来の診断を十分に行ったうえで、資料の整理や発表のために操作的診断基準を用いて互いのコミュニケーションに役立てることが望ましい形といえましょう。いずれにせよ日常の精神科臨床でDSMの診断用語が使用される機会が多いため、好むと好まざるにかかわらず、診断名を聞いたらどのようなものかイメージできるぐらいにはDSMの診断体系に習熟しておくことが臨床心理士にも求められます。

6　精神医学と臨床心理学

　精神医学は身体医学という大きな地盤をもっていますが、臨床心理学には一般心理学が背景として大きく横たわっています。医学モデルに近づけてみると、精神疾患についての2つの見方、つまり①生物学的見方、②心理的・社会的要因を重視する見方、という2つの病理学的見解の中で、②への指向性をもつものが臨床心理学でしょう。また臨床対象をみるとき、①病気かそうでないか、②平均的適応者に照らしてどうか、③"成熟"や"自己実現"、"道徳性"などの理想方向に照らしてどうか、という一般的視点のどこでみるかを考えてみると、おそらく医師は圧倒的に①で、そして臨床心理士は②と③の混合で、といったところがあると思われます（小此木・大野・深津、2004）。他職種と連携をとるにはお互いがお互いの方向性を理解し尊重し合うことが必要となります（前田、1981）。臨床心理士と精神科医の様々な点における相違をわかりやすく表にまとめたものがありますので参考にしてください（表3-3）。

表3-3 臨床心理士と一般の精神科医の特徴の比較

	臨床心理士	一般の精神科医
患者理解	・臨床心理学的〈不適応論〉に立つ（とかく心理主義的，人間学的な見方）	・精神医学的〈疾病論〉に立つ（とかく生物学的，記述的，類型論的な見方）
診断	インテーク面接——内的生活史（主観的） 心理テストによる診断（一応，客観的）	病歴——外的生活史（客観的） 直観的診断（主観的）
治療関係（態度）	・患者中心の立場——社会的責任は少ない（とかく共感的，非指示的傾向）	・管理的立場——社会的責任が重い（とかく指導的，再教育的傾向）
技術上の特色	・いわゆる〈カウンセリング的〉（聞き役的）面接が多い ・集団指導の技術（集団療法・家族療法・生活療法・リハビリテーションなど） ・心理行動の数量化と統計処理の技術 ・チームワークのマネージ的役割（メンバー間の潤滑油，相談役的）	・いわゆる〈ムンテラ的〉（説得，評価的）面接が多い ・薬物・医学的な諸技術の利用 ・チームワークのリーダー的役割（診療体制や組織・病棟の規律や雰囲気を決める）

（出所）前田（1981）を一部改変。

7 臨床心理士の役割

以下が精神医療において臨床心理士に求められる主な役割です（小此木ほか，2004）。

①心理テスト：テストの選択，実施時期の選択，判定結果の記録の作成，患者ないし家族へのフィードバック。

②精神現象や行動の客観化：それぞれの病院で必要とされる調査票，行動尺度表などの選択や作成。

③集団療法:集団心理療法,エンカウンター・グループ,交流分析,ゲシュタルト療法,心理劇などのグループワーク。

④社会復帰への援助(心理学的リハビリテーション):レクリエーション療法,作業療法,生活療法,その他のデイケアなどに対して,作業療法士やケースワーカーとは異なった視点からの助言や援助。

⑤インテーク面接(初回に行われる心理査定の面接):面接結果の記録の作成。心理学的立場からの診断,治療方針の決定,主治医との連絡。

⑥個人的治療面接:生活指導,助言,カウンセリング。

⑦家族療法:家族との面接。

⑧病院またはクリニック内のマネジメント:医師,看護師,ケースワーカー,作業療法士との相互の連絡の要となる。またスタッフの個人的な相談に応じる。

8 精神科臨床における臨床心理士の役割の実際

ここで精神科病院を例にとって,どのような職種がどのように機能しているかについて時系列に沿って簡単に紹介します。地域や施設によって多少の違いはありますが,他職種と連携しながら臨床心理士がどのような役割を果たしているかイメージしやすくなることでしょう(ケースは架空のものです)。

*

中年の会社員の男性が,やる気がでない,仕事に集中できない,夜眠れないなどうつ状態になり6か月前から精神科クリニックに通っていましたが,職場でほとんど仕事をこなせなくなり,また死に

たいという気持ちが強くなってきたためクリニックから精神科病院に入院の打診がありました。

まずは病院の事務が要件を聞いた後に精神科ケースワーカーが対応し，患者の状態と病床の空き状況などを考慮しながら入院について本人や家族と面談あるいは電話で相談します。

入院が決まったら，精神科医師，看護師，ケースワーカー，臨床心理士らが集まってケースの情報を共有し，入院後の大まかな対応について話し合います。ここで，臨床心理士はクリニックでの検査などの情報も参考にして，臨床心理的な見立てや支援，入院後に必要な検査について話すことが求められます。

入院後は医師や看護師が身体管理や精神状態のチェック，さらには薬物療法を含む治療的なかかわりをします。臨床検査技師や放射線技師は心電図，頭部 CT や MRI，脳波検査などを施行します。薬剤師は薬物を調剤し，薬物の効果や副作用の説明をします。臨床心理士は患者の状態をみながら心理検査や個人カウンセリング，グループ療法の予定を入れて施行します。作業療法士はデイケア（リワーク・プログラム）や運動療法の計画を立案し実行します。音楽療法士や芸術療法士がリハビリプログラムでかかわることもあります。難治なケースではケース会議が開かれて，各スタッフが状態の報告と今後の治療方針について話し合う機会が数回もたれます。ここでも臨床心理士はその独自の立場から自らのかかわりや検査の情報から得た見立てや治療的なかかわりについて話すことが求められます。

退院時はケースワーカーが退院後の生活が容易になるように状況を整えます。臨床心理士は退院して社会に戻る際の患者の不安につ

いて話題にし，再発の予防法について伝えることが期待されます。

引用・参考文献

American Psychiatric Association　髙橋三郎・大野裕・染矢俊幸（訳）　2000/2003　DSM-IV-TR　精神疾患の分類と診断の手引　医学書院

原田憲一　2008　精神症状の把握と理解　中山書店

加藤正明ほか（編）　1993　新版精神医学事典　弘文堂

前田重治　1981　臨床精神医学叢書9　心理臨床──精神科臨床と心理臨床家　星和書店

中井久夫　2001　看護のための精神医学　医学書院

小此木啓吾・大野裕・深津千賀子（編）　2004　こころの臨床家のための精神医学ハンドブック　創元社

山下格　2009　誤診のおこるとき　みすず書房

第4章

心療内科と臨床心理学

東　豊

1　心療内科とは

19世紀にコッホ（Koch, R.）が細菌を発見した頃より，医学では唯物論が趨勢を占めるようになりました。「心」を考えることがおろそかになり，人間を「モノ」として捉える傾向が強くなってしまったのです。しかしすでに紀元前，プラトン（Platōn）は「心を忘れて身体の病気を治せるものではないのに，人間全体をみていないために，治す方法がわからないとされている病気が多くある。人間の心と身体を切り離してしまうことは今日の医学の誤りである」と述べています。そして現代においても，行きすぎた唯物論的傾向への反省として，人間を「心と身体を含めた全体」としてみる必要性が問われるようになりました。

心は身体に影響し，身体は心に影響する。これを心身相関といいますが，このような視点に立ち，身体症状を身体面だけでなく心理面や社会面も含めて総合的に診ようとする医学を心身医学（psychosomatic medicine）といいます。「身体，心理，社会」の相互作用を重視し，総合的に人間を理解しようとするのです。これをbio-psycho-social modelといいます（近年はそれに倫理・ethicalを

加え，bio-psycho-social-ethical model と呼ばれるようにもなっています)。

心身医学はドイツで誕生し米国に広がりました。元来精神医学の一分野であり，外国では精神科が扱うことが多いのですが，わが国では内科学から発展することになります。1961年に九州大学医学部附属病院精神身体医学研究施設が池見酉次郎を初代教授として開設され，その翌々年，九州大学医学部精神身体講座・診療科名「心療内科」が設置されました。その後約半世紀，心療内科は先人たちの努力で広く周知されるようになり，ついに1996年には標榜科として厚生省に認められるようになったのです。なお心療内科というのは上記の経緯からもうかがえるようにわが国独自の名称で，「心理療法を行う内科」といった意味合いがあります（当時東京大学医学部にあった物療内科が「物理療法を行う内科」であったのと同様です）。

2　診療の対象

そのような心療内科の主な対象は心身症 (psychosomatic disease) です。

心身症は，「身体疾患の中で，その発症や経過に心理社会的な因子が密接に関与し，器質的ないし機能的障害が認められる病態をいう。ただし，神経症やうつ病など，他の精神障害に伴う身体症状は除外する」と，日本心身医学会によって定義されています（日本心身医学会教育研修委員会，1991）。

発症あるいは経過に心理社会的因子の影響をまったく受けない身体疾患など実際のところ存在しないのですが，とくにそうした要因

第4章　心療内科と臨床心理学

表4-1　主な心身症

```
◎消化器系の心身症
  機能性胃腸症，過敏性腸症候群，心因性嘔吐症など。
◎内分泌・代謝系の心身症
  糖尿病，甲状腺疾患，肥満症，摂食障害など。
◎呼吸器・アレルギー系の心身症
  気管支喘息，アトピー性皮膚炎，睡眠時無呼吸症候群など。
◎神経筋肉系の心身症
  書痙・斜頚，慢性頭痛など。
◎循環器系の心身症
  高血圧，起立性調節障害など。
◎その他の心身症
  慢性疼痛，心因性発熱，慢性疲労症候群など。
```

(出所) 九州大学病院心療内科ホームページ (一部改変)
http://www.cephal.med.kyushu-u.ac.jp/page05.html

が強く影響していると考えられる疾患を心身症として扱っているわけです。なお，器質的障害とは身体部位に物理的に何らかの異常が生じていてほとんどの場合レントゲンやカメラなどの検査で発見できる障害のことであり，機能的障害とは，器質的には異常はみられないにもかかわらず，身体部位の動きや働きに異常がみられる障害のことです。

　実に多岐にわたる疾患が含まれるのですが，主なものが，わが国で最初に心療内科が始まった九州大学病院心療内科のホームページに対象疾患としてあげられていますので，本書ではそれを示しておきたいと思います（表4-1）。なお念のため言えば，ここにあげられた症状はすべてただちに心身症という意味ではなく，もしも心身症としての側面が強いと判断された場合，たとえば，「気管支喘息（心身症）」といった病名表記をするのが一般的であることを付記

しておきたいと思います。また，ここでは主として内科領域疾患があげられていますが，眼科，耳鼻科，皮膚科，産科婦人科，歯科・口腔外科等にも多くのストレス関連疾患が存在します。これらについては第5章「その他の診療科と臨床心理学」に詳しく述べられていますので参照してください。

3　心療内科医と精神科医

　心療内科が標榜科として認められて以来，その看板を掲げた診療所は増え続け，今では町中のあちらこちらに「心療内科」を見かけることができます。

　ところが，これらの中には実質のところ精神科医による「精神科」開業である場合もかなりあります。実は精神科医にとって，開業するに当たっては「精神科」よりも「心療内科」の看板を表に出すことに大きなメリットがあるのです。「心療内科」の名称は「軽症患者のための精神科」といったイメージが持たれやすいので，精神科通院に対して偏見を持った患者さんが受診しやすくなる傾向があるというわけです。また実際に，精神科と心療内科は重なり合う部分があるのも事実です。

　一方，生粋の心療内科医は「ミニ精神科」などと揶揄されないよう，そのアイデンティティを大切にしてきました。心療内科医は基本的に内科医ですが，身体症状を身体面からだけでなく心理社会的な側面からも理解しようとする，言わば「心も扱える内科医」であると自負してきたわけです。ただ最近では，心療内科を標榜するかしないかにかかわらず心理面を重視する普通の内科医，小児科医，

皮膚科医等がずいぶん増えましたので、心身医学の裾野が広がったという意味においては大変素晴らしいことであるとは思いますが、その独自性がいささか薄らぎつつあるのが心療内科の現在置かれている状況であるとも言えるでしょう。実際に、たとえば心身医学発祥の地ドイツでは全医学生に心身医学の教育が義務づけられている通り、身体・心理・社会の相互作用に目配りする心身医学はすべての診療科のベースであるべきではないでしょうか。

　さて、すでに述べた通り、心療内科と精神科は重なり合うところがあるので、「心療内科」を標榜している医院がすべて狭義の心療内科というわけではありません。正真正銘心療内科医が標榜している場合もあれば、精神科医が敷居を下げるために標榜している場合もあるということです（つまり実質は精神科）。心療内科医による「心療内科」はもちろん心身症をよく診てくれますが、精神疾患は原則としては対象としません。しかし実際は軽度の精神疾患（軽症うつ病や各種神経症等）までは診察の対象としている診療所が多いようです（統合失調症やアルコールや薬物の依存症等はほぼ間違いなく対象としていません）。一方、精神科による「心療内科」ではもちろんすべての精神疾患を診てもらえますが、表4－1にあげたような心身症のいくつかは対象でないことがあります（たとえば糖尿病や甲状腺疾患、気管支喘息、高血圧等）。

　これでは利用者の混乱を招きますので、一つの見分け方を紹介しますと、心療内科医が開業した場合は「心療内科・内科」と標榜し、精神科医の場合は「心療内科・神経科」あるいは「心療内科・精神科」と標榜することが多いようです。すなわち原則として、もしもあなたがストレスから「下痢と便秘をくり返している」（過敏性腸

症候群の疑い）なら，前者の看板を探した方がよいし，もしもひどいうつ状態なら，できる限り後者の看板を探した方がよいということです。なお摂食障害は，心療内科ではたとえば体重減少による救急措置等の身体管理を軸に心理面も扱ってくれますが，患者さん本人が治療を拒否している場合や自傷行為がみられるような場合は精神科の方がいいでしょう。

4　施設とスタッフ

　精神科と違って「単科の心療内科病院」は現在のところ存在しません。まれに「総合病院の一診療科」として心療内科が存在する場合がありますが，充実した入院施設を持つ施設もある一方（たとえば先にあげた九州大学病院心療内科），心療内科は外来だけといった扱いもしばしばです。多くの場合，心療内科は診療所（医院，クリニック）として町のあちこちに存在しています。

　「単科病院」とは特定の診療科だけを標榜する病院のことです。また，「病院」とは病床数（入院用のベッド数）が20以上ある施設であり，19以下の場合は「診療所（あるいは医院やクリニック）」と呼ばれています。ただし実際は多くの診療所が無床です。

　そのような心療内科にかかわっている人たちの職種は多岐にわたっています。医師，看護師，薬剤師，管理栄養士，理学療法士，作業療法士，音楽療法士，医療ソーシャルワーカー，そして臨床心理士です。医師以外の医療従事者はコ・メディカルスタッフと呼ばれています（和製英語）。充実した施設では，医師を中心としたチーム医療が機能しています。チーム医療とは，一人一人の患者さんに

対して必要な専門職がチームを組んでケアに当たることですが、患者さん本人や家族もチームの一員と捉えることもあります。また、狭い意味での医療従事者ではありませんが、受付などの事務スタッフも患者さんや家族への対応において大きな影響力を持っていますので、重要なチーム員であることを指摘しておきたいと思います。

5　臨床心理士の役割

　心療内科では臨床心理士は古くから活躍しており、現在もまた大変重要な位置を占めています。それはたとえば九州大学心療内科を例にとっても、「精神神経免疫研究室」「慢性疼痛消化器研究室」「内分泌研究室」と並列に「臨床心理研究室」が存在していることからもうかがえます。もちろん心療内科医も身体面ばかりでなく心理面のケアについて研鑽を積んでいますが、やはりより高度な専門性という点では専門職である臨床心理士の役割は大変大きいのです（医師は診察しなければならない患者数が多いので、時間をかけた心理的な治療を行うゆとりがないことも背景にあります）。そのため、身体面から医師がアプローチし、心理面からは主として臨床心理士がアプローチするといった形でチーム医療が行われる場合も多くみられます。

　一般に臨床心理士に求められる業務は「臨床心理査定」、「臨床心理面接」、「臨床心理的地域援助」、「臨床心理調査・研究」の4種類とされていますが、これは心療内科においてもまったく同様です。臨床心理士は医師の指導・監督のもと、医師や看護師等と協力して患者さんの理解・援助にかかわることになります。

Ⅱ　医療領域

(1) 臨床心理査定

　臨床心理査定（あるいは臨床心理アセスメント）とは，患者さんの性格・パーソナリティや，心理的健康度，病態水準等を評価し，患者さんにとっての症状の意味や予後について推測することです。これによって心理療法の適用可能性の判断や方法の選択を行うことができます。

　アセスメントの方法としては臨床心理査定面接と臨床心理査定検査の2つがあります。面接による心理査定は，とくに初回面接（もしくは2～3回目まで）に行われるもので，インテーク面接あるいは受理面接とも呼ばれています。主訴，現病歴，家族歴，生活歴，生活ストレスと対処，性格傾向等について情報を得ます。その中で，心理社会的要因としての症状の発症要因，増悪因子，軽快因子が考察されるわけです。

　一方，検査による心理査定は，面接よりも客観的に患者さんの心理特性や状態を把握することができます。心理テストには質問紙法，投影法，精神作業検査法，知能検査法がありますが，一つのテストで患者さんを全体的に理解することは難しいので，目的に応じていくつかのテストを組み合わせて行います（テストバッテリーを組むといいます）。心療内科では，質問紙法心理検査として，CMI（コーネル・メディカル・インデックス），MMPI（ミネソタ多面的性格検査），Y-G（矢田部-ギルフォード性格検査），MAS（顕在性不安尺度），STAI（状態―特性不安検査），SDS等のうつ尺度，エゴグラム，POMS（気分調査表），GHQ（一般健康質問紙），親子関係診断検査，アレキシサイミアスケール，食行動調査表，ストレス評価表等が，投影法心理テストとして，ロールシャッハテスト，SCT（文章完成

表4-2　心療内科で行われる心理療法

> カウンセリング，精神分析的心理療法，交流分析，森田療法，内観療法，サイコドラマ，フォーカシング，認知療法，行動療法，自律訓練法，ブリーフセラピー，家族療法，動作法，EMDR，箱庭療法，絵画療法，コラージュ療法，プレイセラピー　など

テスト），P-Fスタディ（絵画欲求不満テスト），バウムテスト，風景構成法等がしばしば用いられます。

（2）臨床心理面接

　心療内科では，もちろん症例によって比重の軽重はありますが，ほとんどのケースに対して身体的なアプローチとともに心理的アプローチが行われます。臨床心理士は主治医からの依頼を受け，臨床心理面接を行います。上述した心理査定から得られた情報を基に様々な技法が選択されうるわけです。表4-2には心療内科でよく用いられている心理療法を記しました。伝統的には交流分析，自律訓練法，行動療法が3本柱とされていましたが，現在では多くのアプローチが用いられています。

（3）臨床心理的地域援助

　臨床心理士は患者さん個人の心を扱うだけでなく，患者さんの置かれた環境に働きかけることも必要になることがあります。患者さんにとってもっとも身近な環境は通常の場合家族なので，家族への働きかけも地域援助の一つの形だと言えます。家族療法といった専門性の高い方法を用いなくとも，いわゆる家族調整といった形で家

族関係等の調整を図ることが求められます。同様に，患者さんの職場や学校への働きかけが必要になることもあるでしょう。それらを通じて，心身症の持続因を取り除くことができるのです。

さらに，臨床心理士の大変重要な役割として，医師と患者さん，あるいは看護師と患者さんの関係の調整を図ることがあげられます。また，治療をめぐって医療スタッフ間に生じた種々の葛藤が解決されるよう調整役をつとめることもあります。患者さんと医療スタッフの間，あるいは医療スタッフ同士の間に生じた様々な心理的な問題を解決し治療的な信頼関係を促進することは，その治療をよりいっそう効果的なものにしてくれるのです。

もう一つの大事な地域援助としては，医療，教育，産業等にかかわる人たちに対するコンサルテーションや講演活動等があげられます。「心身症の患者さんへの対応」をアドバイスすることや，「ストレスとその対処法」などといったテーマで講演を行うことは，今日のいわゆるストレス社会においては広く求められるようになりました。

(4) 臨床心理調査・研究

学会発表や論文・著作活動を通して，調査・研究活動で得たものを社会に還元することも大変重要です。心療内科領域では，症例の報告やストレスにかかわる研究等が日本心身医学会や日本心療内科学会等において精力的に報告されています。

(5) その他の大事なこと

心療内科において有用な臨床心理士であるためには，臨床心理査

定や臨床心理面接の能力が秀でていることはもちろんですが，それ以上に医学に関する知識の習得が欠かせないことを強調しておきたいと思います。

引用・参考文献

吾郷晋浩・河野友信・末松弘行（編）　2005　臨床心身医学入門テキスト　三輪書店

久保千春（編）　2009　心身医学標準テキスト　第3版　医学書院

日本心身医学会教育研修委員会（編）　1991　心身医学の新しい診療指針　心身医学，**31**，537-573.

第5章

様々な診療科と臨床心理学

吉川　悟

1　はじめに

　医学領域は，それぞれの専門性が大きく異なるため，基本的には多彩な診療科目に分類されています。臨床心理学の専門性ともっとも近接する精神科や心療内科での職能は，比較的多くの情報や知識が社会的にも知られていますが，実際には他の診療科目でも臨床心理学の専門性が期待されています。

　しかし，一概に医学領域といっても，細かく診療科目が分類されており，それぞれの特徴もあまり知られていません。それぞれがどのような特徴のある領域かについて，その概要を示すことで，各領域の特徴を理解していただきたいと思います。

　ここでは，「主要な診療科目」と「診療科目に属さない特別な医療」に分類し，それぞれの科目ごとの心理的要因とかかわりが深いとされている「疾患や病態」を紹介します。そして，行われている援助の概要を示し，そこにかかわる心理学的専門性の一部を紹介することで，どのような臨床心理学的職能が求められているかを示します。

Ⅱ　医療領域

2　近接する診療科目の概要

（1）内科全般

「内科」という名称は，比較的多くの人に知られており，多くの人が病気になった場合にかかることの多い科目だと思います。しかし，生理学的に考えても，「内科」の対象となる臓器には，多種多様なものがあります。そして，それらの各臓器の機能を関連づけているホルモンの循環機能や，各臓器ごとの細胞の化学的反応に関連する代謝機能もあります。

一般的に「内科」として位置づけられている医学領域の分類を基本として，ここでは主要な診療科目ごとに分類して説明していきたいと思います。

①呼吸器

「呼吸器科」としてよく知られているのは，肺を主とした呼吸にかかわる臓器を対象とした医療です。多くは呼吸器疾患と称された病気を対象とした医療であり，心理的影響との関連でよく知られているのは「慢性気管支炎（気管支喘息）」「睡眠時無呼吸症候群」などです。名称の通り生理学的な運動機能である「呼吸」にかかわる疾患であるため，即座に死と直面する場合も少なくありません。したがって，つねに医師が治療の主要な立場を負っています。

呼吸器の領域で臨床心理学的職能が期待されているのは，薬物療法でも改善しづらい慢性化した「喘息」などへの対応です。アレルギー性疾患としても考えられる「喘息」ですが，生活環境の改善は治療の中でも大きな位置を占めるものです。アレルゲンの回避には，

生活環境の調整が必要ですが、日常生活には何げない心理的要因が大きく関与している場合も少なくありません。臨床心理士としての役割は、この環境調整を主とした日常生活の改善にかかわる心理的問題の解消であるといっても過言ではありません。

②消化器

「消化器科」としてよく知られているのは、胃から小腸や大腸などの食物の消化にかかわる臓器を対象とした医療です。多くは消化器系疾患と称された病気を対象とした医療であり、心理的影響との関連でよく知られているのは「胃潰瘍」「十二指腸潰瘍」「IBS（Irritable Bowel Syndrome：過敏性腸症候群）」「出血性大腸炎」などです。これらの疾患は、医師による医学的検査などによって器質的・機能的疾患が優先的に検査され、改善のための薬物療法などが行われます。多くの場合は、器質的病変への医学的治療が効果的となります。

消化器の領域で臨床心理学的職能が期待されているのは、一部の事例において、医学的治療に患者が否定的で、心理的影響や生活での環境的要因との関連による問題が疑われる場合です。これらの疾患は心理的な問題が主要な場合に、身体的反応として器質的な病変が見られる場合があります。とくに典型的なものとして知られているのは、ストレスによる器質的病変を引き起こしているような事例です。日常的にストレス場面で「胃がキリキリ痛む」などと表現されるように、過剰なストレスによって胃酸の過活性が見られることにより、胃壁を傷つけることが繰り返されることで、慢性的な炎症から十二指腸潰瘍への病変などが見られることがあります。こうした日常的なストレッサーへの対応や、環境的な改善について検討す

③循環器

「循環器科」は、心臓を中心として体全体を循環する血液やリンパ液などを扱う、全身的な臓器を対象とした医療です。心臓を中心とした臓器がこの科の中心的な課題ですが、よく知られている心理的要因との関連が重視されている疾患は、「本態性高血圧」で、現在は少なくなりましたが、狭心症の発作と同様の訴えが見られたりする「心臓神経症」なども含まれます。血圧の問題は、高血圧だけでなく低血圧を含め、日常に大きな影響がある疾患であるため、基本的には医師による薬物療法が治療の中心となります。

循環器の領域で臨床心理学的職能が期待されているのは、血圧異常の要因として心理的な要因が大きく関与しているような場合です。緊張感が高かったり、興奮状態が見られるなど、結果的に血圧が高い状態が日常的に維持されるような場合、薬物療法の効果が現れづらくなります。また、高血圧の二次的病態として、被刺激性や易怒性などの特徴が見られ、結果的に血圧の上昇が見られることもあります。臨床心理士は、こうした日常生活における精神的安定を生み出すために、ストレッサーへの対処能力の向上への援助が求められることとなります。

④内分泌・代謝

「内分泌・代謝」は、特定の臓器を対象としたものではありません。我々の体は日常的な活動を行うためのエネルギーを生理学的に様々な化学反応によって作り上げており、この全身で行われている化学的反応のうち、内分泌は主にホルモンに関連する領域で、代謝は細胞の化学反応の異常に関連する領域の診療科目です。内分泌・

代謝は、ホルモンの分泌にかかわる全身的な臓器を対象とし、ホルモンの影響を診療対象とした医療です。これは、「視床下部、脳下垂体、甲状腺、副甲状腺」などを中心とし、ホルモンに関連する「膵臓、副腎、卵巣、精巣、心臓、肝臓、腎臓」などの臓器を包括し、その異常がある人を診療対象としています。

　内分泌・代謝の領域で臨床心理学的職能が期待されているのは、ホルモンの分泌異常に関連するストレッサーの存在や、心理的抑制や身体的疲労が見られる場合です。心理的影響との関連として考えられがちな疾患は、ホルモン異常としての「甲状腺機能異常（亢進／低下）症」などと、代謝異常としてよく知られている「糖尿病」です。甲状腺機能異常は、社会不安障害やうつ病と類似する症状を呈することも多く、精神科などの鑑別でも重視されています。こうした二次的な社会不安障害を併発しやすいため、薬物療法と並行して予後に対する心理的援助が求められていることもあります。また、糖尿病には、遺伝的なⅠ型と環境要素のかかわるⅡ型があり、それぞれの慢性化を予防するために、日常生活の改善が不可欠であるとされています。近年「生活習慣病」と称されるようになったことからもわかるように、日常生活習慣を改善するためには、人の嗜好性を含めた生活様式そのものを改善対象とする必要があるため、臨床心理士としての関与の必要性が主張されるようになっています。

（2）産科・婦人科

　産科・婦人科は、女性を対象とし、出産にかかわる診療科目で、以前から流産に伴う心理的問題が取り上げられてきました。しかし、最近ではこれまでにない「相談」など多彩な心理的援助が必要とな

Ⅱ　医療領域

っています。

ここでは「産科」と「婦人科」に分類して説明していきたいと思います。

①産科

「産科」は，主に妊産婦を対象とした医療分野ですが，妊娠・出産にかかわる医療的な相談も広く扱われている診療科です。名称の通り出産にまつわる問題を対象とした医療であり，心理的影響との関連でよく知られているのは，昔から援助が必要とされてきた「流産」や「産褥期うつ病」などの妊産婦の心理的問題だけではありません。妊娠にかかわる「不妊治療」の相談や，従来未熟児と呼ばれることの多かったNICU（Neonatal Intensive Care Unit：新生児特定集中治療室）での低出生体重児との「親子関係の構築」などの援助なども必要とされています。いずれも最終的な医療的対応や処置は医師が行っていますが，看護師，助産師，保育士などに加えて，臨床心理士の存在も近年重要になっています。

産科の領域で臨床心理学的職能が期待されているのは，出産が通常と異なる特別なホルモンバランスの下にあることを理解した上で，それぞれの精神的な問題に対応できることです。とくに不妊治療や低出生体重児との親子関係の構築などは，夫婦関係や親子関係にかかわる問題の治療に必要な夫婦間のコンセンサス（同意）の構築や，家族関係の生活環境の調整が必要となります。こうした臨床心理士の役割は，夫婦・家族関係の専門性が求められています。

②婦人科

「婦人科」は，女性特有の疾患に対する医療的対応を基本としている医療です。女性特有の出産にかかわる内臓機能は，ホルモンと

の関係が深く、内分泌にも深くかかわる医療です。心理的影響との関連でよく知られている疾患としては、従来は女性特有の加齢に伴うホルモン量の減少による疾患とされ、近年は男性にもあるといわれるようになった「更年期障害」が主要でした。しかし、多くの女性に見られる傾向として一蹴されがちであった生理痛も現在は重要な対象とされており、さらに極度の精神的不安定を生み出している「PMS (Premenstrual Syndrome：月経前症候群)」にも着目されるようになっています。これらの疾患は、医師による医学的検査によって器質的・機能的疾患が優先的に検査され、改善のためにホルモン療法を含む薬物療法が行われます。

　婦人科の領域で臨床心理学的職能が期待されているのは、更年期障害による心理的不安定さを改善することや、ストレスによる器質的病変を引き起こしている事例です。生殖機能にかかわる臓器は、過剰なストレスによって多彩な病変が見られることがあります。こうした過剰なストレッサーや生殖的な行為にかかわるこだわりの改善が臨床心理士に求められています。

(3) 小児科

　「小児科」は、文字通り小児の疾患を対象とした医療です。小児とは、出産直後の新生児から、基本的には14歳までの子どもを対象としています。子どもといえども、医学的処置は大人と同様に多様です。その上小児科は、子どもが未成熟の過程にあることを考慮した対応が求められます。心理的影響との関連でよく知られているのは、多彩な遺伝的疾患、器質的・機能的な身体疾患、ホルモン異常を中心とした発達的問題、環境との関係で生じていると考えられる

社会的不適応行動などです。これらに対しては，患児に対する援助だけではなく，保護者を含めた心理的支援が必要となります。これらの問題は，医師による医学的診断が優先され，患児の状態の医学的説明に伴って生じる障害認知（子どもが自分の障害についての事実を知ること）を促進するための援助を看護師などが行っていることも少なくありませんが，現在では臨床心理士にも求められるようになっています。

　小児科の領域で臨床心理学的職能が期待されているのは，子どもの年齢に応じて言語的なコミュニケーションだけではなく，行動的なコミュニケーションを読み解くことであり，その支援においても行動をコミュニケーションとしてみなす必要があります。また，子どもの問題を保護者が適切に理解できていなければ，子どもにとって日常的援助が受けられず，結果的に子どもへの虐待的な対応に終始するなど，生命を左右する事態が起こる可能性もあります。こうした事態を防ぐために，保護者にとって受け入れがたい子どもの病態を受け止められるための援助が求められています。

（4）耳鼻科

　「耳鼻科」は，文字通りの耳や鼻だけでなく，耳鼻咽喉科として，耳鼻とかかわりの深い咽喉の疾患も対象とした医療です。耳鼻科は，聴音や臭覚にかかわる重要な感覚器官であり，比較的脳機能と直接的なつながりを考慮した対応が求められています。心理的影響との関連でよく知られているのは，メニエール症候群や耳鳴り，いろいろな臭気にかかわる恐怖症です。環境との関係や心理的要因によって症状が生じたり，増悪・慢性化することで，社会的不適応行動が

生じています。医師による医学的診断が優先され、患者の器質的・機能的な問題への対応が先行しますが、心因的な要因にかかわる部分は、加療に対する反応が悪いため慢性化しやすく、心理的支援を併用することが必要で、現在では臨床心理士にも援助が求められるようになっています。

耳鼻科の領域で臨床心理学的職能が期待されているのは、機能的疾患に影響を生みやすい環境的なストレッサーの調整であったり、自己臭恐怖症などの精神的な疾患にかかわる問題への対応です。患者は、感覚器官の違和感であるため、自己申告によって症状を訴えることが多く、明確な問題を査定するためのガイドラインを設けづらいという問題があります。医学的認識の前提である客観的データとしてこれらの異常は現れないため、より一層心理的な問題としての対応が求められています。

(5) 皮膚科

「皮膚科」は、体全身の皮膚を対象とした疾患に対する医療です。皮膚科の疾患は、湿疹などの目に見える異常だけでなく、感染やアレルギーなど多彩な病因による異常を鑑別することが求められています。心理的影響との関連でよく知られているのは、アトピー性皮膚炎や脱毛症です。アトピー性皮膚炎は、慢性的な皮膚科疾患でありながら、環境との関係が相当に深い関連性を持っているとされています。皮膚の炎症に対する加療の過程でも、患者個人ですべての対応ができるわけではないため、生活環境における関係者の協力・援助が不可欠ですが、その対応のあり方によって増悪化することも多く、二次的な問題としての不眠や過敏症などにより、社会的不適

応行動が生じます。医師による医学的治療が優先され，基本的な対応が告げられますが，環境要因や心因などがそこにかかわる場合，慢性化しやすく，医学的加療だけではなく，心理的支援を併用することが必要だとされています。

皮膚科の領域で臨床心理学的職能が期待されているのは，環境的なアレルゲンに対する対処・対応であったり，過度なストレッサーに対する改善などの対応です。皮膚の炎症や脱毛などは，患者が外見的なことを気にすることそのものがストレッサーになったり，かゆみや痛みのために適切な休養が取れなくなるなど，日常生活を維持することが困難となる場合も少なくありません。したがって，疾患そのものに対する医学的な加療に依拠しつつ，病因にかかわる環境的ストレッサーや加療の過程での心理的負担に対する援助が求められています。

3　診療科に含まれない医学領域

独立した診療科目ではありませんが，現在の医療的援助の体系として，近年新たな領域での活動が始まっています。それは，「腫瘍医療・終末期医療」「緩和医療」「移植医療」「地域医療」などです。ここでは，その概要を示すとともに，そこにかかわる領域での心理学的援助を示していきます。

（1）腫瘍医療・終末期医療

「腫瘍医療」は，一般的に癌と呼ばれている悪性新生物への対応を主とした診療科目で，癌の治療には体の多臓器がかかわるため，

単一の診療科目では対応できないために近年生まれた診療科目です。また、「終末期医療」は、こうした癌や進行性の強い疾患で、根本的な医学的対応ができなくなった患者のQOL（quality of life：生活の質）の向上を目的とした診療科目です。ここでは、外科や内科などだけでなく、それぞれの患者の状態改善にかかわる医学領域の専門家とともに、そこで用いられる機器の工学や理学にかかわる専門家を含めて集結しています。それぞれの専門職は、役割ごとの活動をしており、そこには臨床心理としての役割も存在します。

　腫瘍医療の領域で臨床心理学的職能が期待されているのは、癌がかつて「不治の病」とされていた経緯があることから、「告知」による心理的なショックを生み出すことへの対応です。二次的な問題として抑うつ反応が起こることを予防することや、術後の心気症的不定愁訴への対応が求められています。

　終末期医療の領域では、医学的に死に向かう状態を回避できないという現実を「告知」されるため、心理的な混乱は避けられません。また、このショックは患者自身だけでなく、患者が亡くなった後の準備をすることを余儀なくされる家族や近親者にも生じます。したがって、心理的な負担も相当なものとなることが想像できるため、予防的な視点を含めた心理的援助が求められています。

（2）緩和医療

　「緩和医療」は、「麻酔科」と深くかかわる診療科目です。ただ、麻酔はこれまで外科手術などの医療的処置の一部として位置づけられてきました。しかし、「終末期医療」では、癌性疼痛の改善や除去が求められたり、事故や手術による外傷の改善に伴わない「疼

痛」が着目されるようになったため，近年新たに着目されている診療科目です。

とくに「慢性疼痛」は，医療的な処置や社会生活での事故などによって，器質的な問題が改善しているにもかかわらず「痛み」が持続すること，「身体感覚が特定の痛みを覚えてしまっている」という場合です。これは心理的問題なのですが，多くの患者にとって「痛みが存在すること」は，「どこかに病気が隠されている」と考えがちで，心理的な「痛み」の存在が知られていないため，治療への導入が難しいとされています。

緩和医療の領域で臨床心理学的職能が期待されているのは，疼痛に対応することです。体の感覚として現れる「痛み」を除去することを目的として医療的サービスを期待している患者に対して，心理的痛みの除去を目的とした援助を行うためには，前提となる「痛みが心理的なものであること」が納得できなければなりません。しかし，多くの疼痛を抱える患者は，この転換ができないため，慢性化する傾向があり，より高度な臨床心理学的援助が期待されています。

(3) 移植医療

「移植医療」は，医学の発展に伴って臓器移植という医療行為が行われるようになったところから生まれた診療科目です。臓器移植は，臓器の可逆性（元に戻って改善すること）が期待できない場合，他者の臓器を移植するという最新医療の対応です。

移植医療では，臓器を提供する人をドナー（donor），臓器移植を受ける人をレシピエント（recipient）と呼んでいます。移植医療では，「特定のドナーからの臓器を誰に移植するか」という問題は，

医学的な適合性による判断が基本となります。現在では、様々な移植対象の臓器ごとにその判定を行うことを目的とした組織（一部は〇〇バンクなどの呼称）があります。しかし、移植医療の現場では、形式的な「移植の同意」にとどまらず、ドナーが臓器提供を考えていたとしても、家族や近親者が移植に同意するか否かが問題になることもあり、同意後にその意を翻すという事態もあります。こうしたドナーの関係者を含めた心理的問題の調整や、レシピエントの移植後の心理的問題をどのように処理できるようにするかという領域で、臨床心理士に期待が向けられています。

(4) 地域医療

「地域医療」は、日本の超高齢化社会での医療サービスの一つです。そこでは、近年プライマリー・ケア（かかりつけの家庭医）という呼称で注目されています。多くの医療現場では、患者が来談するというのが医療的サービスを受ける場合の基本形態として定着してきました。しかし、高齢者の中には、医療的サービスを受ける必要があっても、病院まで行くことが困難な事例も少なくありません。介護の領域では高齢者の介護サービスの一環として「訪問看護」が早くから行われてきました。これと同様に、定期的にかかりつけの医師が患者の家庭まで訪問し、医療的サービスを提供するというものです。

医師が一人で往診をするというのではなく、看護師が付き添っていたりすることも少なくありません。また、一部の高齢者の場合は、こうした医師の往診や介護職員との接触だけでは改善しない心理的問題をかかえた事例も少なからずあることがわかってきました。臨

床心理士にとっては,まだまだ新しい領域であり,今後の職能の発揮が期待されています。

4　臨床心理学的援助の可能性

様々な医療領域における臨床心理士の職能に対する期待をうけて,心理的問題に対応する必要があるとの意識が強い医師のもとでは,すでに実践が始まっている領域も少なからず存在します。しかし,そこに働く臨床心理士は,まだまだごく僅かです。それは,多くの場合,各領域の医師が心理的問題に対する援助を医療的サービスの一環として実施している場合がほとんどだからです。

また,医療現場では,社会的な認識に則った診療責任の階層性が存在します。複数の異なる職能を持つ専門家によるチーム医療の現場では,医師が最終的なリーダーとしての責任を負うことになるのが通例です。したがって,医師の専門性の一部分として医療現場での専門性を発揮することが求められているのです。また,ここに紹介した領域を含め,医療全般の中で臨床心理の専門性を発揮するためには,他の専門職との協働的活動ができる必要があります。そして,そのためには,それぞれの専門領域の知識についても,既習し習熟しておく必要があります。

臨床心理士として医療現場で自らの職能を発揮するためには,こうしたいくつかの前提を理解しておくこと,その現場に必要な基本的な医学的知識に習熟すること,そしてなにより,他の専門職と流動的なコミュニケーションができることが求められているのです。

Ⅲ　福祉領域

わたしたちが生活している社会の中で，生活上の問題を抱えている人たちがいます。たとえば，親からの虐待を受け，親とともに暮らすことができず，施設で生活を送っている子どもがいます。また，認知症が進んできたために在宅での一人暮らしが困難であることから，施設で生活を送っている高齢者がいます。また，地域に受け皿があれば退院できるけれども，その受け皿が整わないために入院中の病院から退院することができない精神障害を持つ人がいます。

　こうした人たちの生活を支援し，よりよい毎日を送っていけるための支援を行う福祉専門職の人たちがいます。臨床心理士は，福祉領域においてこうした福祉専門職の人たちとともに，生活上の問題を抱える人たちの主に心理面に焦点を当てながら支援を行います。

　福祉領域では，児童，障害者，高齢者，低所得者など様々な生活上の問題を抱えている人たちを対象として，様々な職種による支援の実践が展開されてきています。

　このように福祉領域における対象者ごとの分野は多岐にわたりますが，ここでは，児童福祉，高齢者福祉，精神保健福祉の3つの分野に焦点を当てながら，福祉領域における臨床心理士による心理的支援について説明していきたいと思います。

第6章

児童福祉と臨床心理学

森田喜治

1 児童福祉施設とは

児童福祉施設は,児童福祉法(昭和22年法律第164号)をはじめとする法令に基づいて,児童福祉に関する事業を行う各種の施設のことを指します。児童福祉施設は,国,都道府県,市町村により設置される公立の施設の他,社会福祉法人等が設置する民間の施設があります。

児童福祉施設には以下の種類があります。

(1) 助産施設

必要があるにもかかわらず,経済的理由によって,入院助産を受けることができない妊産婦を入所させて,助産を受けさせることを目的とする施設です。

(2) 乳児院

3歳未満の乳幼児を入院させてこれを養育し,退院した者については,親の子育てについての相談や,子どもの行動や病気その他の様々な親が不安に思うことについて援助を行うことを目的とする施

設です。

　必要がある場合には，小学校入学前の児童までを養育することができます。現在の入所理由は，虐待，婚姻外出産，母親の病気，離婚や死別等で母親がいない，子ども自身の障害等であります。乳児院に入所していた子どもは，その後，両親や親族のもとへ引き取られたり，養子縁組等で里親のもとへ引き取られたりしますが，それが無理な場合は，小学校に入学するまでに児童養護施設へ措置変更となります。

（3）母子生活支援施設

　母子家庭の母と子（児童）を入所させて，保護するとともに，これらの者の自立の促進のためにその生活を支援し，あわせて退所した者については保護者の不安について相談その他の援助を行うことを目的とする施設です。かつては母子寮と呼ばれていましたが，1998年に現在の名称に改められました。

（4）保 育 所

　保育所は，何らかの理由によって十分な保育を受けられない0歳から小学校入学前までの乳幼児を対象として保育を行う（児童福祉法第24条）ことを目的とする通所施設です（例外的にそれ以上の年齢の児童を保育することもある（同第39条2項））。

（5）児童厚生施設

　児童遊園，児童館等児童に健全な遊びを提供し，子どもの身体，精神の健康を増進し，又，情操をゆたかにすることを目的として集

団内での人間関係の確立などの指導や援助を行うことを目的とする施設です。

(6) 児童養護施設

貧困，離婚，入院，拘留，死別などの要因によって保護者のない児童，虐待されている児童，その他養護を要する児童を入所させて，養護し，また退所した子どもや親の相談を受け，その他の自立のための援助を行うことを目的とする施設です。

(7) 障害児入所施設

障害児を入所させて，支援を行うことを目的とする施設です。支援の内容によって，福祉型と医療型に分かれます。かつての知的障害児施設，知的障害児通園施設，盲聾唖児施設，肢体不自由児施設，重症心身障害児施設は2012年の児童福祉法改正により障害児入所施設に統合されました。

(8) 児童発達支援センター

児童発達支援センターは，障害児を保護者のもとから通わせて，支援を提供することを目的とする施設です。支援の内容によって，福祉型と医療型に分かれます。

(9) 情緒障害児短期治療施設

情緒障害児短期治療施設（情短施設）は，軽度の情緒障害を有する児童を，短期間，入所させ，又は保護者のもとから通わせて，その情緒障害を治し，退所した者について親の不安や，家庭の問題な

どの相談その他の援助を行うことを目的とする施設です。入所している子どもたちの生活環境も必ずしも安定しているとは限らず，親へのアプローチも必要な場合があります。

「短期」と称するものの，入所期間が近年では長期化する傾向にあること，「情緒障害児」の定義について，教育現場などとでは異なることから，児童心理療育施設という名称を通称として名乗る施設が増えてきています。

(10) 児童自立支援施設

児童自立支援施設は，不良行為をした，又はするおそれのある児童などを入所させて，必要な指導を行い，自立を支援します。児童養護施設や，情短施設から児童自立支援施設に行くケースもあり，社会的養護（現行児童養護施設の養護スタイル）では，ケアしにくい子どもたちが入所する傾向にあり，不安定な子どもが多くいます。

(11) 児童家庭支援センター

児童家庭支援センターは，地域の児童の福祉に関する様々な問題につき，児童，母子家庭その他の家庭，地域住民その他からの相談に応じて必要な助言，指導を行い，あわせて児童相談所，児童福祉施設等との連絡調整その他厚生労働省令の定める援助を総合的に行うことを目的とする施設です。基本的には他の児童福祉施設に併設されており，上記の施設の中には入所型施設もあります。

*

これらの児童福祉施設のうち，心理療法担当職員が導入された施設に，乳児院，母子生活支援施設，児童養護施設，情緒障害児短期

治療施設，児童自立支援施設，児童家庭支援センターがあります。
　以下に心理療法担当職員のかかわる施設について述べます。

2　心理治療にかかわる児童福祉施設

(1) 乳児院

　乳幼児の基本的な養育機能に加え，被虐待児・病児・障害児などに対応できる専門的養育機能を持ちます。

　乳児院は，3歳までの子どもを対象としています。乳児については乳児院が児童相談所から一時保護委託を受け，アセスメントを含め，実質的には一時保護機能を担っています。

　また，乳児院は，地域の育児相談や，ショートステイ等の子育て支援機能を持っています。

　心理療法担当職員が虐待防止法の施行に伴い児童養護施設に導入されるようになった際，乳児院にも心理療法担当職員の導入が行われるようになりました。その役割は，子どもの発達検査をはじめ，施設内での子どもの行動特性の発見や，親の不安の軽減，あるいは，施設内職員のコンサルテーションが主なものです。

(2) 児童養護施設

　養護を必要とする児童に対して安定した生活環境を整え，生活指導，学習指導，家庭環境の調整等を行いながら養育を行い，児童の心身の健やかな成長とその自立を支援する機能を持ちます。家庭崩壊の子どもたちの生活の場の保障をその中心的な目的としていましたが，近年被虐待児や，発達障害を抱えた子どもが増加しています。

Ⅲ　福祉領域

表6-1　心理担当職員のかかわる児童福祉施設の施設数・定員・現員

	施設数	定員	現員
乳児院	129か所	3,778人	2,963人
児童養護施設	585か所	34,522人	29,114人
情緒障害児短期治療施設	37か所	1,664人	1,178人
児童自立支援施設	58か所	4,024人	1,548人
母子生活支援施設	261か所	5,404世帯	3,850世帯
			児童6,015人
児童家庭支援センター	87か所		

(出所)　施設数：2011年10月／家庭福祉課調べ
　　　　定員・現員：2011年3月末／福祉行政報告例
　　　　厚生労働省ホームページ「社会的養護の施設等について」より
　　　　http://www.mhlw.go.jp/bunya/kodomo/syakaiteki_yougo/01.html

　また，在籍期間の長い子どもが多くなり，高年齢の子どもが増加してきています。

　社会的養護が必要な子どもを，できる限り家庭的な環境で，安定した人間関係の下で育てることができるよう，施設のケア単位の小規模化（小規模グループケア）やグループホーム化などを推進しています。

　児童虐待防止法施行以降，児童養護施設に被虐待児が増加したことに伴って，専門的な治療，生活上でのコンサルテーションが必要になり，心理専門家の常勤化政策がなされ，施設に，心理専門家が配備されるようになりました。施設の状況に応じて勤務の形態は一様ではありませんが，常勤の心理療法士(1)，数人の非常勤心理療法士

---

(1) 厚生労働省管轄では，とくに臨床心理士とは規定されておらず，心理療法を行う者という意味で「心理療法士」という名称が使われます。

あるいは常勤的非常勤の心理療法士が配備され，子どもの個人面接，アセスメント，生活職員のコンサルテーションや生活職員の心理的ケアが行われています。

また，心理療法士が生活に入り子どもの日常のケアや生活場面カウンセリングを行う施設，生活と心理療法を分離させそれぞれ専門的に業務を行う施設，心理的ケアに影響が出ないように配慮して，一部生活に入る施設とその形態はまちまちで，まだ，十分に形式化されていないのが実情です。

（3）情緒障害児短期治療施設

情緒障害児短期治療施設（情短施設）は，心理的・精神的問題を抱え日常生活に支障をきたしている子どもたちに，医療的観点から生活支援を基盤とした心理治療を行います。施設内の分教室などで学校教育との緊密な連携を図りながら，総合的な治療・支援を行い，また，その子どもの家族への支援を行います。比較的短期間で治療し，家庭復帰や，里親・児童養護施設での養育につなぐ役割をも持ちます。また，通所部門を持ち，在宅通所での心理治療等の機能を持つ施設もあります。

入所児は，被虐待児が大半を占め，広汎性発達障害や，軽度・中度の知的な課題を有する子ども，児童精神科を受診している子ども，薬物治療を行っている子どもが生活しています。

情短施設では，児童精神科等の医師に常時連絡がつき対応できる体制があり，また，心理療法担当職員の配置が他施設に比べ重視されており，アセスメント，コンサルテーション，心理療法やカウンセリングを行っています。

Ⅲ　福祉領域

　学校教育は，施設内の分教室や分校を持つ場合がほとんどですが，近隣の学校の普通学級，特別支援学級に通う場合もあります。

　情短施設は，心理治療を中心にしており，おおよそ入所児童10人に１人以上の割合で勤務しているため，施設の規模に応じて数人の心理療法担当職員が勤務します。多くは，心理療法担当職員も生活に入って子どもとともに生活しますが，生活場面の担当者と心理治療の場面の担当者とが分離してそれぞれの分野で勤務する施設もあります。

　また，子どもだけでなく，子どもの親との面接も行い，子どもが施設を退所した後の家庭の安定を保つための親の面接治療なども行います。

（4）児童自立支援施設

　1998年の児童福祉法改正により，「教護院」から名称を変更しました。「家庭環境その他の環境上の理由により生活指導等を要する児童」も対象に加えました。通所，家庭環境の調整，地域支援，アフターケアなどの機能充実を図りながら，非行ケースへの対応が中心になりますが，他の施設では対応が難しくなったケースの受け皿としての役割を果たしています。

　児童自立支援施設は，職員である実夫婦とその家族が小舎に住み込み，家庭的な生活の中で入所児童に一貫性・継続性のある支援を行う小舎夫婦制や，小舎交代制という支援形態で展開してきた施設で，小規模による家庭的なケアを実践しています。

　また，専門性を有する職員を配置し，「枠のある生活」を基盤とする中で，子どもの健全で自主的な生活を考慮し，集団生活の中に

みられる規則の押しつけを廃し，家庭的・福祉的なアプローチによって，個々の子どもの育ちなおしや立ち直り，社会的自立に向けた支援を実施しています。

基本的に家庭単位の生活形態であり，心理療法担当職員は，入所児の中に10人以上の心理治療を必要とする児童がいる場合に，心理的ケアを行うために勤務します。

（5）母子生活支援施設

従来は「母子寮」の名称でしたが，1998年の児童福祉法改正で，施設の目的に「入所者の自立の促進のためにその生活を支援すること」を追加して名称も変更されました。

近年では，DV被害者（入所理由が夫等の暴力）の入所者が多く入所していますが，虐待を受けた児童，精神障害や知的障害のある母や，発達障害など障害のある子どもも増加しています。母子が一緒に生活し，ともに支援を受けることができる福祉施設という特性を生かし，保護と自立支援の機能の充実が求められています。

利用者の就労収入は，母子家庭の中でもさらに低く，母子生活支援施設は，貧困母子世帯への支援を担っています。

情緒障害児と医師によって診断され入所している子どもたち，不安定な親の心理治療，DV被害の親のトラウマ治療が行われています。親のトラウマ治療だけではなく，親の精神的な問題への対応の必要性も増加しており，心理療法担当職員の存在は大変重要なポストになりつつあります。

(6) 児童家庭支援センター

　児童家庭支援センターは，1998年の児童福祉法改正で制度化された施設で，児童に関する家庭その他からの相談のうち，専門的な知識および技術を必要とするものに応じています。また，児童相談所からの委託を受けた児童やその家庭への指導，その他の援助を総合的に行います。2008年の児童福祉法改正で，市町村の求めに応じて技術的助言その他必要な援助を行うことも業務に加えられました。

　多くは児童養護施設等の施設内に附置されていて，施設が地域支援を行う機能を果たしていますが，2008年の児童福祉法改正で，単独設置も可能となりました。

　また，2011年4月の実施要綱改正で，里親やファミリーホームの支援を行うことも明記されました。

　入所型ではなく，通所型のスタイルで，主に家庭的な問題や子どもの心理的な問題を扱うことが多く，地域の子どもの問題や，家庭の問題を扱うことが多くあります。とりわけ，2011年の東日本大震災の被災者の心のケアには地元で活躍しました。

3　児童福祉施設での心理療法担当職員の役割

(1) 児童の「問題行動」と児童のおかれている状況

　子どもたちの背景にあるストレスは治療者の想像できない，あるいは，体験したことのないストレスであり，さらに，彼らの生活の理解も大変困難です。そのため，治療的にかかわる際にも，通り一遍の理論だけでは理解することができません。近年，被虐待児の入所も増えたことによって子どもの行動化が激しく，治療者だけでは

なく、生活の世話をする職員も精神的ストレスを抱えることが多くなりました。

　心理治療にかかわる子どもの問題行動として、①攻撃的行動、②生活場面での不適応、③万引き、盗み、④不登校、⑤家出、⑥夜尿、などがあります。しかし、多くの場合、子どもの通常発達における様々な行動さえも、集団生活の中では問題とされることも多くあり、結局、生活担当職員の扱いにくい行動が問題行動とされることが多くあります。またとくに思春期の対人関係の変化や、思春期特有の精神的に不安定な状態も集団生活の中では手におえない問題とされます。施設外の生活の中では難なく通り過ぎることができるような特性さえも、施設の中では問題とされることが多くあります。

　また、子どもたちの行動が激しく、子どもたちの生活を担当する職員にとっては、心理的なストレスを抱える要因になることが多く、子どものかかわり方に対するコンサルテーションだけではなく、子どもの行動に刺激されることで生活職員や保育士自身の個人的な問題も噴出することもあり、生活職員の心の安定を維持するための役割が心理療法担当職員に課せられているといえるかもしれません。

　施設によって心理療法担当職員の役割は様々ですが、施設の中の様々な心理的な問題にかかわる総合的な役割を持ちます。乳児院においては、先に示した役割のほかに、職員同士の人間関係の問題が多くみられ、とくに、経験のある職員と、新任の職員との人間関係の問題が多くみられ、単純に子どもとの関係に注目するだけでは済まないことも多くなってきました。年齢的、経験的な格差の大きな職員同士の関係を調整する役割も心理療法担当職員にはあります。

　施設は、プライベートであるはずの生活が社会的な場になるため、

Ⅲ　福祉領域

子どもも職員もかなりストレスの多い場であるといわざるを得ません。

　児童福祉施設は，様々な背景を持つ子どもたちが生活している場所で施設入所以前から心のストレスを抱えている子どもたちを対象としています。また，生活も幼いうちからの他の子どもたちとの共同生活ですので，家庭での親との密なる生活とはまったく違っています。そのため，子どもは，親の持つ否定的な状況から逃れることができる反面，様々な文化の混在する中で，子どもの精神的発達の中でもっとも重要ともいえる精神的な安定感や，対象恒常性を形成しにくい場であるともいえましょう。職員たちは，それぞれがそれぞれの文化背景，価値観念を持っていますので，子どもたちは一つの文化の中で生活することができません。これらの状況は，子どもが一定の代わりのない不変な場で生活することの難しさに拍車をかけることになります。しかし，これらを生活の中で完全に改善していくことは，現行制度の中では難しいといえましょう。

（2）児童福祉施設臨床の特殊性

　前述のとおり，児童福祉は，いわば，特殊な体験を持つ子どもたちと，特殊な生活環境の中で生活する子どもたちを対象としますので，心理療法担当者にとっては，想像できないストレスを子どもが抱えている可能性があります。さらに，現在の施設の生活環境は子どもたちの心理的なストレスを解消するのには十分とはいえない状況です。すなわち，心理治療はたしかに重要ではありますが，それにもまして，子どもたちの生活環境の安定化を考えることがまず必要なことであって，そのための，コンサルテーションが必要になり

ます。子どもの生活を担当する職員の安定化と，子どもたちの行動の理解と，それに応じたかかわり方がまず必要なものとなるでしょう。

第7章

高齢者福祉と臨床心理学

児玉龍治

1 はじめに

 私たちは望むと望まざるとにかかわらず、年を重ねていくと、やがて老いていきます。そしてその先にあるのは死です。それは高齢者だけの問題ではなく、私たち生きとし生けるものすべての問題でもあります。また、大切な家族が老いを迎え、やがて死を迎えることに私たちはいつか直面することになるでしょう。高齢者やその家族を支えていくためには、高齢者が自立している時期から介護が必要となる時期にかけてのそれぞれの段階において、高齢者やその家族が求めるものを提供していくことが大切になります。

 ここでは高齢者福祉の概要にふれるとともに、高齢者福祉領域、中でも高齢者施設における臨床心理士による心理的支援について説明していきたいと思います。

2 高齢期に起こってくる問題

(1) 身体の変化

 平均寿命というのは以前から使われてきた言葉ですが、最近にな

って「健康寿命」という言葉が注目されるようになりました。この健康寿命とは,「自立して健康な状態で生活できる寿命」のことをいいます。わが国は, 平均寿命が延びているとともに, この健康寿命の長さに関しては, 世界でトップクラスを維持しています。しかし, 運動能力は加齢に伴い低下していきますし, 視力も加齢に伴い低下し, 加えて白内障という病気にかかる率が高くなります。また, 聴力は50歳以降になると会話の高音が聞こえにくくなり, 70歳以上になると, 普通の声の大きさでも聞きづらい人が多くなってきます。そうしたことから, 聞き逃し, 聞き間違いなどが起こりやすくなります。

このように身体機能が変化してくると, 一人で外出することが心配になり, 家で過ごす時間が増えていくことになったり, 聞き逃し, 聞き間違いが重なることで, 人とのコミュニケーションがうまくいかず, イライラした気持ちが起こってくることがあります。

(2) 認知症

認知症の問題は, 高齢者福祉を考える上で大きな問題の一つといえます。一般に「加齢に伴う物忘れ」と混同されがちなのですが,「認知症による物忘れ」は日常生活に支障をきたすようになります。認知症では初期からエピソード記憶が失われるため, 新しい思い出がつくりにくくなります。

認知症は, 記憶障害, 日時・場所・人の見当識障害, 判断力の障害といった症状がみられます。記憶障害は「新しいことを記憶できない」「以前覚えていたことを忘れる」「思い出せない」というもので, 日常生活に大きな支障をもたらす原因となります。見当識障害

というのは,「今日は何月何日か」「今自分はどこにいるのか」「目の前にいる人は誰なのか，私とどういう関係の人なのか」などがわからなくなるというものです。また，判断力の障害の例としては，寒暖に合わせて適切な衣服を選べなくなるということが挙げられます。

認知症をきたす要因は単一のものではなく様々ですが，代表的な認知症としてはアルツハイマー型認知症や血管性認知症が挙げられます。アルツハイマー型認知症は原因が不明ですが，血管性認知症は脳梗塞や動脈硬化などが原因で起こることが多いので，それらを予防することが大切になります。他にはレビー小体型認知症，前頭側頭型認知症などが挙げられます。

また最近注目されているものの一つとして,「軽度認知障害」というものがあります。この軽度認知障害というのは,「認知機能の低下は認められるけれども，生活に大きな支障をきたしていない状態」をいいます。軽度認知障害の人すべてが認知症に移行するとはいえませんが，移行していく率が高いことも報告されていることから早期発見・早期介入が重要となります。

3　高齢者の生活を支える高齢者福祉

(1) 所得の保障

厚生労働省の「国民生活基礎調査」(2012年) によると，2011年の高齢者世帯の平均所得は303.6万円です。この内訳をみると,「公的年金・恩給」が209.8万円 (69.1%) ともっとも多く,「稼働所得」が59.2万円 (19.5%),「財産所得」が17.6万円 (5.8%) となっ

ています。

　こうした状況からすれば，高齢者の主な収入は公的年金などであり，これを頼りとしながら生活している人が多いことが考えられます。最低限の生活を維持するのが困難な場合，それを保障するのが生活保護制度ですが，厚生労働省「被保護者全国一斉調査」によると，2011年度に生活保護を受けた世帯の総数147万2230世帯のうち高齢者世帯は63万9760世帯と全被保護世帯の43.5％を占めています。

（2）生きがいの支援

　高齢になると，家庭での役割や職場での役割が失われることにより，自尊心や生きがいを失ってしまう人たちがいます。また，配偶者や同世代の兄弟や友だちが亡くなるというように，高齢期は複合的に喪失体験を重ねることが多いことから，「複合喪失の時期」ともいわれています。

　こうした複合喪失の時期を生きる高齢者が生きがいを持ちつつ生活していくためには，身近な地域に活動参加の場があることが大切になります。そうした場としては，高齢者の能力の積極的な活用が図られるように設立された「シルバー人材センター」があります。また，生きがいを高め健康づくりを進める活動やボランティア活動をはじめとした地域を豊かにする活動を総合的に実施する「老人クラブ」があります。全国社会福祉協議会が命名し，市区町村社会福祉協議会をはじめとして急速に広がっている「ふれあい・いきいきサロン」は，介護・認知症予防活動としても注目されています。高齢者が寝たきりや認知症になる原因の一つは「閉じこもり」にあるといわれています。ふれあい・いきいきサロンで楽しく話し，笑い，

充実した時間を過ごすことが、閉じこもりにならずに、生きがいを持って生活していけることにつながると考えられます。

(3) 介護保険制度

1997年に「介護保険法」が成立し、2000年より介護保険制度がスタートすることになりました。このことにより、それまでは措置制度によっていた介護サービスの提供が利用契約制度へと転換されました。措置制度というのは、基本的には行政処分であり、サービス利用者の自己決定権という考え方がありませんでした。介護保険制度は、この措置制度を利用契約制度へと転換し、サービス利用者と提供者が対等な立場でサービスを自己決定していくことを目指しています。

また、利用契約制度への転換にともない、利用者の権利擁護（アドボカシー）が重要な課題となり、介護保険制度の導入に合わせて2000年に「成年後見制度」が成立しました。成年後見制度というのは、たとえば認知症高齢者が判断力の低下により、自分の人生をどこでどのように暮らすかなどに関し、適切に自分で手配・決定・契約という手続きができなくなった部分を補う支援者をつける権利擁護の制度です。

介護保険サービスは、①居宅サービス、②施設サービス、③介護予防サービス、④地域密着型サービス、の4つに大きく分けられます。

①居宅サービスとしては、訪問介護、訪問看護、通所介護、短期入所生活介護などがあります。

②施設サービスとしては、介護老人福祉施設（特別養護老人ホー

ム),介護老人保健施設,介護療養型医療施設などがあります。

③介護予防サービスとしては,介護予防訪問介護,介護予防訪問看護,介護予防通所介護,介護予防短期入所生活介護などがあります。

④地域密着型サービスとしては,認知症対応型通所介護,小規模多機能型居宅介護,認知症対応型共同生活介護(認知症グループホーム)などがあります。

介護保険法は2005年に改正され,「介護予防」が重視されることとなりました。また,予防とともに重視されたのが「地域」でした。高齢者が住み慣れた地域で生活をつづけ,地域において包括的・継続的な介護支援を受けることを目指すこととなりました。そうした地域における介護支援を行う中核的機関として,「地域包括支援センター」が設置されることとなりました。そこでは,保健師,社会福祉士,主任介護支援専門員などにより,①介護予防ケアマネジメント事業,②総合相談・支援事業,③権利擁護事業,④包括的・継続的ケアマネジメント支援事業などが行われています。

4 高齢者施設

高齢者の入所する施設には様々な種類があります。臨床心理士として,施設で生活する高齢者を理解し,支援していくためには,施設が持つ特徴について理解しておくことが必要になります。

(1) 介護老人福祉施設(特別養護老人ホーム)

介護老人福祉施設とは,入所者に対し,施設サービス計画に基づ

き，入浴，排泄，食事などの介護その他の日常生活上の世話，機能訓練，健康管理および療養上の世話をする施設です。入所者は要介護度の高い人が多く，入院治療の場合を除いては，原則的に退所を促されることはなく，「終の棲家(つい)」として高齢者の生活を支えています。

　従来の介護老人福祉施設では，4人部屋による集団ケアが主流でしたが，2003年以降はユニットケアによる個別ケアが広がりをみせてきています。ユニットケアとは，8〜10人程度を一つのユニット（単位）として，馴染みの場所や人との関係により生活を同一ユニットで送ることで一人一人の個別性を大切にした介護を行う方法です。

(2) 介護老人保健施設（老人保健施設）

　介護老人保健施設とは，病状が安定期にあり，看護，医学的管理の下における介護および機能訓練その他必要な医療を要する要介護者に対し，施設サービス計画に基づいてそれらのサービスならびに日常生活の世話を行うことを目的とする施設です。

　病院を退院後，すぐに在宅生活に戻ることができない，あるいは介護者が休息をとる必要があるという場合に，一時的な受け皿となる施設です。そのため，介護老人福祉施設とは異なり，入所期間は限られており，数週間から数か月であることが多いです。

(3) 介護療養型医療施設

　介護療養型医療施設とは，療養病床等（医療法に規定する療養病床のうち，要介護者の心身の特性に応じた適切な看護が行われるもの，ま

Ⅲ　福祉領域

たは療養病床以外の病床のうち認知症要介護者の心身の特性に応じた適切な看護が行われるもの）を有する病院または診療所であって，病状が安定期にある入院要介護者に対し，施設サービス計画に基づいて，療養上の管理，看護，医学的管理下における介護その他の世話および必要な医療を行う施設をいいます。2011年度末に廃止される予定でしたが，2009年に厚生労働大臣から「廃止予定の凍結」が示されました。

*

この3種類の施設は，入所対象者は同じように要介護認定を受けた人ですが，入所者が必要とする医療レベルの違いにより差異があります。介護老人福祉施設は医学的管理の必要性のない者を対象とする「生活施設」であり，一方，介護老人保健施設と介護療養型医療施設は，病状が安定期にあるものの医学的管理を必要とする者を対象としています。とくに介護療養型医療施設は，長期療養を必要とする「医療系の施設」です。

5　高齢者施設における心理的支援

高齢者施設を利用する人たちは，様々な理由により在宅での生活が困難になった人たちです。こうした人たちが馴染みのある家を離れ，施設での新たな生活に馴染み，生き生きと生活していくために，介護職員，看護職員，生活相談員，介護支援専門員などによる支援に加え，臨床心理士による心理的支援が重要になります。

（1）心理アセスメント

施設を利用する高齢者は，認知機能の低下がみられることが多いことから，施設における心理アセスメントでは，記憶，言語，思考など認知機能の状態について把握することが大切になります。高齢者施設で用いられる心理アセスメントのための検査としては，認知症のスクリーニング検査であるHDS-R（改訂長谷川式簡易知能評価スケール），MMSE（Mini-Mental State Examination）などがあります。また，その他には記憶力の検査であるWMS-R（改訂ウェクスラー式記憶検査），アルツハイマー型認知症の検査であるADASなどがあります。

このうちHDS-Rは，わが国でもっとも古い歴史を持つものであり，広く普及しています。このスケールはもともとは1974年に長谷川和夫により作成され，現在使われているものは，1991年に改訂されたものです。このスケールは，自分の「年齢」，日時，場所，時間の感覚などがわかるかの「見当識」，新しい言葉や物品を覚えられるかの「記憶記銘」，覚えたことを思い出せるかの「記憶想起」，「計算問題」，「言葉の流暢性」などを比較的容易に点数化し評価できます。

またMMSEは，1975年にフォルスタイン（Folstein, M. F.）らによって発表され，それ以来国内外で広く用いられ，信頼を得ています。このMMSEは，HDS-Rが言語性検査のみで構成されているのに対して，動作性検査を含んでいます。

（2）心理的支援

高齢者施設における心理的支援については，高齢者の特徴に応じ

た対応が必要になります。黒川（1998）は，高齢者に対する心理的支援を行う際の留意点について，以下の9点を挙げています。①高齢者の人生の歴史に関心を寄せ，その声に耳を傾ける。②高齢者のこころに土足で踏み込まない。③安易な「受容」や「共感」は慎む。④死の問題に，その時どきに誠実に対処できるよう，自らの死生観を養う。⑤ひとりひとりの高齢者に固有の「意味」，「価値」をともに再発見していく。⑥身体的問題に対する適切な対応。⑦時間，頻度など枠への配慮。⑧終結への配慮。⑨家族のサポートを行う。

　高齢者施設において用いられる心理的支援の一つの方法として回想法があります。高齢者がしばしば過去を回想することについては，従来過去に執着する否定的な行為とされてきました。しかし，バトラー（Butler, R.）は，高齢者により語られる回想は自らの人生を整理し，捉えなおすという，むしろ積極的で自然なプロセスであると意味づけ，高齢者の回想に耳を傾けていく回想法を提唱しました。

　回想法の実施方法としては，個人を対象として行う「個人回想法」とグループを対象として行う「グループ回想法」とがあります。グループ回想法は，諸条件に応じて4人〜12人程度の参加者，参加者の数に見合った数のスタッフで実施されます。一般的には，3か月程度，合計6〜10回程度のセッションで終えるようなプログラムが構成されます。通常セッションごとにテーマを準備し，「成長の発達段階」や「（時系列ではなく）活発に回想が促されるテーマ」などが様々な状況に応じて選択されます。また，様々な道具が記憶を想起し，回想を促すためのきっかけとして準備され，用いられます。

　回想法の意義としては，青木（2011）により次のような点が挙げられています。①エピソード記憶の想起に伴う情動の再体験から個

人の情動の活性化が促される。②過去の体験の今日的視点からの解釈による自らのアイデンティティの確認と人生の再評価。③個人の人生の歴史に対して無条件の敬意を払ってくれる，共感的，受容的なよい聴き手の存在。④同じ経験をした人にしかわからない情動を共有し合う聴き手の存在。⑤表情などの非言語的表現の豊かさの増加。⑥集中力の増大。⑦問題行動の軽減。⑧社会的交流の促進。⑨支持的・共感的な対人関係の形成および他者への関心の増大。

　回想法を高齢者に対して有益に行うためには，臨床心理士のみではなく，高齢者にかかわる職種が協力しながらチームとしてかかわるチームアプローチが重要になります。また，回想法による心理的支援をいかにして高齢者施設における日常のケアに生かしていくかをチームで検討していくことが大切になります。

引用・参考文献

青木智子　2011　回想法　松原達哉（編）　カウンセリング実践ハンドブック　丸善　pp. 604-605.

河口英子　2011　認知症　松原達哉（編）　カウンセリング実践ハンドブック　丸善　pp. 446-447.

黒川由紀子　1998　高齢者の心理　黒川由紀子（編）　老いの臨床心理　日本評論社　pp. 9-32.

牧野多恵子　2012　高齢者のアセスメント　山口智子（編）　老いのこころと寄り添うこころ　遠見書房　pp. 103-117.

松澤広和　2011　高齢者施設　日本心理臨床学会（編）　心理臨床学事典　丸善出版　pp. 386-387.

柴田雄企　2011　高齢者福祉　日本心理臨床学会（編）　心理臨床学事典　丸善出版　pp. 380-381.

第8章

精神保健福祉と臨床心理学

児玉龍治

1　はじめに

　わが国の精神医療においては，入院中心の支援から次第に地域中心の支援へと大きな流れの転換が起こってきています。こうした地域中心の支援にかかわる臨床心理士が現在求められています。ここでは，まず医療的には入院治療の必要がないにもかかわらず，退院して地域に住むことができずに入院を余儀なくされている「社会的入院」の問題にふれます。そして，次に地域精神保健活動を推進していく役割を持つ「精神保健福祉センター」についてふれます。最後に精神保健福祉領域で大きなテーマといえる「セルフヘルプ・グループ」「自殺予防」についてふれます。精神保健福祉領域においては，臨床心理士は個人へのアプローチに加えて，こうしたグループやコミュニティに対するアプローチなど，非常に幅広い活動が求められます。

2　社会的入院

　わが国の精神医療は入院中心に偏っており，精神科病床数は約35

万床あります。このうち1～3割の人たちは、本来地域での理解と支援があり、受け入れ条件さえ整えば、退院し地域で生活できるにもかかわらず入院を余議なくされているといわれています。こうした人たちは「社会的入院」者であるといわれています。

また、精神疾患により入院している人の在院期間は長期にわたることが多く、精神病床の平均在院日数は、291.9日（2012年、厚生労働省「病院報告」）と年々減少はしているものの、一般病床のそれと比較すると、約17倍にもなります。

アメリカでは、1963年にケネディ大統領が議会に提出した「ケネディ教書（精神疾患および知的障害者に関するメッセージ）」により入院治療を主とした医療対策が問題視され、従来偏見や無知から顧みられることが少なかった精神障害者対策の革新と拡充が国家的な急務であるとされました。こうした動きから、障害をもつ人も地域で生活すべきとのいわゆる「脱施設化」の考えが活発になり、先進諸国では1980年代には大きく精神科病床数を減らして、地域におけるサービスを充実させていきました。

しかし、わが国ではもともと精神科病院を民間が運営してきたこともあり、病床が減ることはなく、むしろ微量ではありながらも増えていきました。これは、この間、諸外国では「脱施設化」として急速に病床の削減が進んでいったことに比べると、きわめて特異な経緯であるといえます。

こうした流れの中で、1997年に「精神障害者の現状は諸外国と比べて（病院で）受け入れている割合が高く、入院期間が著しく長期にわたる」、「社会復帰を促進することが喫緊の課題となってくる」ことなどから、「精神保健福祉士法」が成立しました。そして、こ

のことにより，国家資格を持つ「精神保健福祉士」が誕生することとなりました。

その後，2004年に厚生労働省は「精神保健医療福祉の改革ビジョン」を発表し，「入院中心医療から地域中心医療へ」という基本的な方策が掲げられました。そして，そこには受け入れ条件が整えば退院可能とされる人たちについて，10年後に解消することが明示されました。このように，社会的入院解消の促進が図られてきています。

3　精神保健福祉センター

精神保健福祉センターは，「精神保健及び精神障害者福祉に関する法律（精神保健福祉法）」に規定され，地域精神保健活動を技術面から指導，援助する機関です。2013年現在，都道府県49か所，指定都市20か所に設置されています。

歴史的には，1965年の精神衛生法の改正で「精神衛生センター」として設けられ，1987年の精神保健法で「精神保健センター」に改称されました。その後，1995年に精神保健福祉法により精神障害者の福祉が法律に明確に位置づけられ，「精神保健福祉センター」に改称されました。

職員は，精神科医，精神保健福祉士，臨床心理技術者，保健師等が配置され，地域精神保健福祉活動の向上に努めています。

センターの目標は，地域住民の精神的健康の保持増進，精神障害の予防，適切な精神医療の推進から，社会復帰の促進，自立と社会経済活動への参加の促進のための支援に至る非常に幅広い範囲にわ

Ⅲ　福祉領域

たっています。

　そして，その目標を達成するための業務としては，知識の普及啓発，調査研究，複雑困難な事例への相談指導，保健所および市町村が行う精神保健福祉業務への技術指導，技術援助のほか，精神医療審査会の事務，自立支援医療費の支給決定，精神障害者保健福祉手帳の交付の際の判定などがあります。

4　精神障害者に対するサービス体系

　2006年に施行された「障害者自立支援法」により，それまで障害種別（身体障害，知的障害，精神障害）ごとに複雑に体系づけられていたサービスや，本来の施設目的と利用実態とのあいだの乖離の問題を解消し，適切な支援が効率的に行われるように，サービス体系の再編が行われました。さらに，この障害者自立支援法は，2012年に廃止となり，これに代わるものとして新たに「障害者総合支援法」が成立しました。

　この障害者総合支援法におけるサービス体系は，個々の障害のある人々の状態やニーズに応じて個別に給付される①「自立支援給付」と，市町村や都道府県が地域の実情に応じて柔軟にサービスが提供できる②「地域生活支援事業」とで構成されています。

　①「自立支援給付」には，介護給付，訓練等給付，自立支援医療，補装具などがあります。また，訓練等給付には，自立訓練（機能訓練・生活訓練），就労移行支援，就労継続支援（A型：雇用型・B型：非雇用型），共同生活援助（グループホーム）などがあります。一方，②「地域生活支援事業」は，市町村が行う市町村地域生活支

援事業と都道府県が行う都道府県地域生活支援事業があります。市町村地域生活支援事業には，相談支援事業，コミュニケーション支援事業，日常生活用具給付等事業，移動支援事業，地域活動支援センター機能強化事業などがあります。

5　セルフヘルプ・グループ

　セルフヘルプ・グループは，同じ悩みを持つ人たちが自発的に集まり，体験のわかちあいをしたりその状況に関する情報などを得ることで，それぞれの人たちが互いにエンパワメント（empowerment）し，悩みの解決や軽減，もしくは受容などを目指し，活動していくグループです。エンパワメントとは，em（内，中を表わす接頭辞）＋power（力，能力）＋ment（名詞をつくる接尾辞）から成り立っており，もともと本人が（その内，中に）持っている「力，能力」を発揮できることを意味しています。

　また，セルフヘルプ・グループは専門家が主導するのではなく，悩みを抱える人たち自身が中心となってグループを運営していくので，メンバー同士がお互いに資源（リソース）となって援助し合う機会が豊富であり，人の役に立つことにより自分の価値を感じることができます。つまり，セルフヘルプ・グループでは，援助する人自身に利益があり，それは結果的に「援助しつつ援助を受けている」ことになります。これは「援助する人がもっとも救われる」という意味で，「ヘルパー・セラピー原則」と呼ばれています。

　セルフヘルプ・グループの種類としては，①精神障害，身体障害，慢性病，難病など病気や障害を持つ人たちやその介護者のためのグ

ループ,②アルコール依存,薬物依存,ギャンブル依存,摂食障害を持つ人たちのためのグループ,③暴力,犯罪などの被害者グループ,④不登校・ひきこもりの人たちやその家族のためのグループなどがあります。

具体的には,アルコール依存症者のためのAA(Alcoholics Anonymous:アルコホリックス・アノニマス)や断酒会,薬物依存症者のためのダルク(Drug Addiction Rehabilitation Center:DARC)などがあります。中でもAAはセルフヘルプ・グループの源流の一つとされており,1935年にアメリカのオハイオ州で2人のアルコール依存症者の集まりから始まりました。日本では1975年に発足して全国各地に広がりました。AAには,自分の力で飲酒をコントロールできなくて思い通りに生きていくことができなくなったと認めることから始め,飲酒のとらわれから解き放たれ,飲まない生き方を実践するための原理を表した「12のステップ」という回復プログラムがあります。これは,薬物依存やギャンブル依存などのセルフヘルプ・グループでも用いられています。

セルフヘルプ・グループの目的としては,外里(2011)により以下の5つが挙げられています。①問題の解決や軽減,②問題とのつきあい方を学ぶ,③安心していられる場所をつくる,④情報交換,⑤社会に対して働きかけをする。

①「問題の解決や軽減」とは,たとえば,アルコール,ギャンブルなどの嗜好的行動を止めることについて,同じ問題にとりくんでいる人に話し,ともに解決し,生活上の課題を軽減していくということです。

②「問題とのつきあい方を学ぶ」とは,大切な家族との死別,脳

障害の後遺症など解決できないもの，完治できないものに対してそのこととつきあい，そして受け入れていくために，同じ体験を持つ人の話に耳を傾け，その問題とのつきあい方を学ぶということです。

③「安心していられる場所をつくる」とは，仲間がいる，本当のことが話せるという，安心できる場所をつくることです。たとえば，同じアルコールにかかわる問題を抱えている人たちと普段家族やまわりの人には言えないような悩みを共有できる場を持つということです。

④「情報交換」とは，同じ悩みを持つ者同士で，各々に有益な情報（たとえばどの医師が親身になって一緒に問題を考えてくれるのか，どのようなサービスが利用できるのか，今後どのような展開が考えられるのかなど）を交換し合うことです。

⑤「社会に対して働きかけをする」とは，地域で生活する人たちに対して，障害や病気について普及啓発していくことにより，その問題について地域の人たちが理解し，偏見や差別感情が起こらないようにしていくということです。

6　自殺予防

自殺は，生活苦，身体的疾患，人間関係の不調など幾つかの要因が重なり合って「うつ状態」になり至る例が多いといわれています。わが国では1998年に自殺者が3万人を超え，それ以降14年連続で3万人を超える高い水準が続いてきました。警察庁の発表によると，2013年の自殺者数は2万7283人であり，4年連続で減少しているものの同年の交通事故死者数の4,373人に比べても高い数字になって

います。また，自殺未遂者は自殺者の10倍以上であるともいわれています。

自殺の問題については，1987年の国連総会でその深刻さが認識され，1996年にはWHOにより「自殺予防の最終ガイドライン」が公表されました。その後わが国における自殺に対する政策的な取り組みが推し進められ，2006年には「自殺対策基本法」が策定されました。

自殺対策基本法では，自殺は個人的な問題としてのみ捉えるのではなく，失業，倒産，多重債務，長時間労働などの様々な社会的要因が背景にあることを踏まえて，これらに対する社会的な取り組みとして対策を推進すべきであること，関係機関の連携のもとに総合的な取り組みを展開することを基本的理念に示しています。

この自殺対策基本法に示された基本理念や基本施策の具体例を示すものとして，2007年に策定された「自殺総合対策大綱」があります。その自殺総合対策大綱では，以下の9つを対策の柱としています。①自殺の実態を明らかにする。②国民一人ひとりの気づきと見守りを促す。③早期対応の中心的役割を果たす人材（ゲートキーパー）を養成する。④心の健康づくりを進める。⑤適切な精神科医療を受けられるようにする。⑥社会的な取り組みで自殺を防ぐ。⑦自殺未遂者の再度の自殺を防ぐ。⑧遺された人の苦痛を和らげる。⑨民間団体との連携を強化する。

地域における自殺予防に関しては，臨床心理士の果たす役割は大きいといえます。臨床心理的地域援助の領域でしばしば取り上げられるキャプラン（Caplan, G.）は，予防精神医学の立場から，種々の精神障害の予防を，一次予防（狭義の発病予防活動），二次予防（早

期の診断,治療活動),および三次予防(社会復帰の援助を中心とした対策)の3段階に分けています。この一次予防,二次予防,三次予防を自殺予防にあてはめると以下のようになります。

(1) 一次予防(事前対応)

　一次予防とは,自殺の発生を事前に予防しようとする対応のことです。地域の住民に対する普及啓発は,重要な自殺予防の一つです。一次予防は,地域,職場,病院,学校など幅広い場で行われ,それぞれの場にいる人たちに合わせてわかりやすく知識や情報が提供されます。失業,多重債務,長時間労働などの社会的要因を抱えた人が適切な支援につながるように,相談窓口に関する情報が周知され,悩みを専門家に相談することへの抵抗が軽減されます。

(2) 二次予防(危機対応)

　二次予防とは,精神疾患や自殺念慮を有するハイリスク者を早期に発見し,適切な介入を行う(早期に治療する)ことです。地域で生活するハイリスク者を発見する方法としては,健診や介護予防教室,健康教室などでうつ症状に関するスクリーニング調査を行ったり,広報誌などにセルフチェックリストを掲載する方法などがあります。

　また民間による「いのちの電話」の活動は危機対応という意味で,この二次予防にかかわっています。このいのちの電話は,「眠らぬダイヤル」として24時間年中無休の電話相談を継続し,即時性(いつでもどこでもアクセスできる),匿名性(名乗らなくてもよい,安全で脅かされない)などの特徴を持ち,自殺に追いこまれている人が

Ⅲ 福祉領域

相談しやすいシステムをとっています。

(3) 三次予防（事後対応）

　三次予防とは，自殺が起きて遺された家族をはじめとする関係者へのケアや自殺未遂で生き残った本人へのケアのことです。身近な人の自殺は，遺族やまわりの人たちに深い苦悩を引き起こすことがあります。遺された人たちは，悲しみや自責感などの感情を抑圧し，それが身体症状や行動となってあらわれることがあります。そうした場合には，グリーフケア（悲嘆ケア）などの支援が求められます。

　現在，セルフヘルプ・グループである「自死遺族の会」が各地で設立されていますが，自死遺族がこうした分かち合いの会などを組織・運営する際の支援も大切です。

引用・参考文献

荒木均　2011　精神保健福祉センター　松原達哉（編）　カウンセリング実践ハンドブック　丸善　pp. 682-683.

平川忠敏　2011　自殺予防　日本心理臨床学会（編）　心理臨床学事典　丸善出版　pp. 518-519.

勝俣瑛史　2011　自殺　日本心理臨床学会（編）　心理臨床学事典　丸善出版　pp. 320-321.

長崎和則　2011　エンパワーメント　松原達哉（編）　カウンセリング実践ハンドブック　丸善　pp. 612-613.

清水敦彦　2011　いのちの電話　松原達哉（編）　カウンセリング実践ハンドブック　丸善　pp. 714-715.

田尾有樹子　2011　精神保健福祉　日本心理臨床学会（編）　心理臨床学事典　丸善出版　pp. 378-379.

田島美幸　2011　自殺予防　松原達哉（編）　カウンセリング実践ハ

ンドブック　丸善　pp. 468-469.
高畠克子　2012　精神障害者とコミュニティ・ケア　植村勝彦・高畠克子・箕口雅博・原裕視・久田満（編）　よくわかるコミュニティ心理学　第2版　ミネルヴァ書房　pp. 172-173.
田中ひな子　2011　セルフヘルプ・グループ　日本心理臨床学会（編）　心理臨床学事典　丸善出版　pp. 502-503.
外里冨佐江　2011　セルフヘルプ・グループ　松原達哉（編）　カウンセリング実践ハンドブック　丸善　pp. 688-689.

Ⅳ　教育領域

教育の現場においては，不登校，いじめ，学級崩壊，非行，発達障害，ひきこもりなど様々な問題が起こってきています。こうした心の問題や不適応に対して，今日様々な人たちによる心理的支援が展開されています。

　ここでは，まずカウンセリングが戦後わが国の教育領域にどのような経緯の中で導入され，浸透していったのかについて説明していきます。そして，子どもたちが抱える悩みや不適応をとりあげ，そうしたことに対する学校内の教師，スクールカウンセラー，学生相談の相談員などによる支援と学校外の教育相談センターの教育相談員による支援について概観していきます。

　次に，学校内で子どもたちへの対応として教員により行われている「生徒指導」「教育相談」についてとりあげます。生徒指導と教育相談の定義，歴史そして意義について説明し，生徒指導と教育相談の関係について説明していきます。

　最後に，同じく学校内で行われるスクールカウンセラーによるスクールカウンセリングについてとりあげます。スクールカウンセリングの歴史は浅いものであり，今後の専門家の力量如何によって大きく拡大する可能性もありますが，一方で知識だけを専門性と勘違いして現場に臨むことは，大きな誤解を生み出すことにもなりかねません。そうした誤解を生み出さないために，スクールカウンセラーにどういう能力が必要なのかについて，スクールカウンセリングの歴史，現状，仕事の内容をとりあげながら説明していきます。

第9章

教育とカウンセリング

児玉龍治

1 はじめに

現在，児童・生徒が抱える様々な心の問題や不適応が明らかになっています。こうした心の問題や不適応に対しては，様々な人たちによる心理的支援が展開されています。

ここでは，まず教育におけるカウンセリング導入の経緯について説明します。そして，児童生徒が抱える問題や不適応をとりあげ，そうしたことに対して学校の内外でかかわっている人たちとその活動について説明していきたいと思います。

2 教育におけるカウンセリング導入の歴史的経緯

わが国の教育にアメリカの民主主義の影響を受けたカウンセリングの考え方が導入されたのは，戦後，アメリカの指導の下に推進された「新教育」を通じてでした。その後，1960年代には都道府県，市町村レベルの教育相談室が設立されるようになりました。

カウンセリングに関して今一つの重要な動きは，大学生のための相談です。アメリカの「教育情報局」（CIE：Civil Information &

IV 教育領域

Education）と文部省，大学の協力による教師の再教育のための「教育指導者講習会」（IFEL：The Institute for Educational Leadership）が1948年から1952年にかけて東京大学などを会場に開かれました。そして，そこでカール・ロジャーズ（Rogers, C.）の非指示的カウンセリング（後にクライエント中心療法）が紹介され，それが今日におけるわが国のカウンセリングの普及につながっていきました。

また，こうした機縁の中で，1951年から翌1952年にかけて京都大学などにおいて，「学生厚生補導研究集会」が開催されました。この研究集会は「SPS（Student Personal Services）研究集会」と呼ばれ，その組織は日本学生相談学会として今日までつづいています。この研究集会に刺激され，1953年には東京大学に学生相談所が開設されました。そして，その後各大学にも次々と学生相談室が開設されていきました。

その後，1980年代に入り急激に反社会的な問題傾向，つまり少年犯罪が増加することとなりました。学校は荒れ，それに伴い，生徒指導の強化に重点が置かれるようになりました。

その一方で1990年代に入ると，不登校児童・生徒の急速な増加が注目されることとなりました。不登校児童・生徒は，教師が家庭訪問をしても会うことを拒否したり，教育的対応が難しい場合もしばしばあり，臨床心理学による専門的対応が必要とされるようになりました。そこで従来から開設されていた教育相談室においても臨床心理学の専門家を交えた体制に変化するようになってきました。

このような流れの中で，1995年から文部省（現文部科学省）による中学校におけるスクールカウンセラーの活用調査研究委託事業が開始されることとなりました。全額国費を投入し，スクールカウン

セラーとして，臨床心理士，心理臨床領域の専門性を有する大学教員，精神科医が配置されました。その後，2003年からはスクールカウンセラー活用事業補助と名がかわり，事業自体が都道府県に移管され，費用も県費に文部科学省が補助する事業形態で，中学校全校配置を目標に進められることとなりました。近年では，小学校にも配置が広がっています（詳細については第11章参照）。

3　児童・生徒が抱える問題

小学生では，授業中席に座っていることができない，いわゆる「落ち着きがない」と呼ばれる児童や，心理的要因により特定の場面で堅く口を閉ざし，話すことをしない「場面緘黙」などがみられます。また，自分より弱いものに対して暴力をふるったり，言葉でからかったり，仲間外れにしたり無視したりする「いじめ」や児童が学校に行かない「不登校」，児童たちが授業中の立ち歩きや私語など教室内で勝手な行動をして教師の指導に従わず，授業などの学級の活動が成立しないいわゆる「学級崩壊」などがみられます。

中学生では，「不登校」，「いじめ」，頭痛，腹痛など心の問題がからだの症状となってあらわれる「心因性の身体症状」，家庭内において親その他の家族に対して暴力をふるう「家庭内暴力」，反社会的な行動を行う「非行」などがみられます。

高校生では，いわゆる怠けである「怠学」や途中で学校を辞めていく「中途退学」，自分の肉体を傷つける「手首自傷（リストカット）」などがみられます。

大学生では，学校に出てこようとしない「不登校・ひきこもり」

IV 教育領域

や，不適応感や失恋などによる落ち込む程度から抑うつ状態まで含まれる「抑うつ感」，漠然とした不安や対人関係・就職活動などについての「不安感」，自殺を試みようとする「自殺企図」などがみられます。

それから，発達障害の問題が小学生から大学生にかけて問題となってきています。

このように各段階において様々な問題が起こってくるわけですが，なかでも大きな問題として，「不登校」「ひきこもり」の問題が挙げられます。

不登校は，文部科学省によると，「何らかの心理的，情緒的，身体的，あるいは社会的要因・背景により，児童生徒が登校しないあるいはしたくてもできない状況にあるため年間30日以上欠席した者（ただし「病気」や「経済的理由」によるものは除く）」と定義されています。不登校の人数は，学校基本調査の統計（平成24年度）で，小学生2万1243人（0.31%），中学生9万1446人（2.57%），合計11万2689人（1.09%）です。

また，ひきこもりについては，2010年5月に厚生労働省が発表した「ひきこもりの評価・支援に関するガイドライン」では，ひきこもりとは「様々な要因の結果として社会的参加（義務教育を含む就学，非常勤職を含む就労，家庭外での交遊など）を回避し，原則的には6か月以上にわたって概ね家庭にとどまりつづけている状態（他者と交わらない形での外出をしていてもよい）を指す現象概念である」と定義されています。ひきこもりの人数は，同報告書では，最小限の推定値として，ひきこもりを抱える世帯数は26万世帯とされています。また，同じく2010年に内閣府により報告された若者の意

識に関する調査（ひきこもりに関する実態調査）では「普段は家にいるが，自分の趣味に関する用事のときだけ外出する」いわゆる「準ひきこもり」を含めた「広義のひきこもり」の推計数は約70万人とされています。

4 教師による開発的カウンセリング

教師によるカウンセリングは，問題を持った子どもや不適応児に対する「治療的カウンセリング（therapeutic counseling）」よりもむしろ，成長発達的，開発的側面に重きを置いた「開発的カウンセリング（developmental counseling）」が中心になります。また，教師がカウンセリングを行うことを支える前提として，子どもの成長力に対する信頼，ともに成長しようとする思いなどが挙げられます。

カウンセリングでは，そうした前提の上に，カール・ロジャーズ（Rogers, C.）が関係づくりのための援助者の態度としてまとめた「無条件の肯定的尊重（受容）」「共感的理解」「自己一致（真実性）」の3つの態度が重要になります。無条件の肯定的尊重とは，援助者が自分の心の中に条件をつけない空間をつくり，その心の空間を相手に自由に漂ってもらうことです。また，共感的理解とは，理解できなくてもいいので，実感として伝わってきたことを援助者が「〜ということですか」と丁寧に確認しながら進んでいくことです。そして，自己一致とは，相手の話を聴きながら，援助者自身が何を感じているのかに気づいていることです。

また，子どもに真実の思いを語ってもらうためには，教師自身が自らの弱い部分も含めて自分のことを語れることが大切になります。

この教師が自分のことを語る際には、あまりしつこくないことと、「わたしは〜」というふうに「わたし」を主語にして語ることがポイントであるといわれています。この方法は、ロジャーズの教え子であり、「親業」や「教師学」を開発したトマス・ゴードン（Gordon, T.）が考えた「わたしメッセージ」という方法です。「あなたは〜」と「あなた」を主語とすると、非難的なメッセージになりますが、「わたしは〜」と「わたし」を主語にして自分の気持ちを伝えると、相手が受けとめやすくなります。

さて教師がカウンセリングを行う場面としては、①個人に対する場面と②グループに対する場面があります。

①個人に対する場面

できるだけ児童・生徒にはどう感じられているのか、どう見えているのかと、児童・生徒の立場に立って、とくに感情に注目しながら、話を丁寧に聴くこと、いわゆる傾聴（積極的傾聴ともいわれます）が大切です。話を聴いているときにはそれに集中し、それに対して評価をしたり、お説教をしたり、早急に原因を追求し結論を急ぐことなどは極力避け、まずは思いを表現してもらい、児童・生徒が自らの心の内面をみていくことができる「空間」をつくることが大切です。その上で悩みを少しずつ把握していき、一方的におしつけるような姿勢ではなく、児童・生徒ができるだけ主体的に悩みを解決していけるように、ともにその方法を考えていきます。

②グループに対する場面

学校における教師によるカウンセリングは、通常の一対一によるもののみならず、数名やときには学級に対するグループ・アプローチの形をとることがあります。グループ・アプローチは、個人カウ

ンセリングでは得られないものが得られることがあります。たとえば，児童・生徒たちが「困っているのは自分だけではない」ということがわかったり，誰か他の人の役に立つことにより，自分の価値を発見することなどが，グループの中で起こることがあります。ただ，一方で児童・生徒によっては，人目が気になってグループでは自分の悩みを話せない場合もあるので，個人カウンセリングとグループ・アプローチをそれぞれの児童・生徒に合わせた形で適宜使い分けていくことが大切です。グループ・アプローチについては，教育の現場では，構成的グループ・エンカウンターがしばしば使われており，成果を挙げています。この構成的グループ・エンカウンターとは，集中的グループ体験の一つであり，肯定的なあたたかい雰囲気の集団づくりのための開発的カウンセリングの一技法です。

5 スクールカウンセラー

　学校におけるスクールカウンセラーによる心理的支援は，通常の相談室でのカウンセリングとは異なる様々な特徴を持っています。スクールカウンセリングでは，児童・生徒，保護者，教職員および学校システムが対象になります。スクールカウンセラーは，児童・生徒に働きかけると同時に，保護者，教職員，学校システムに働きかけることにより，一人一人の児童・生徒がよりよい環境で学校生活を送れるように調整していきます。

　このようにスクールカウンセラーの活動業務は，児童・生徒に対する個人カウンセリングから，保護者や教職員に対するコンサルテーション，学校システムを視野に入れた環境調整にかけて幅広い

範囲にわたっています。必要に応じて校内で教職員とチームを組んだり，場合によっては校外の外部専門機関とも連携していきます。こうした連携を行う際には，しばしば守秘義務が問題となります。児童・生徒に対する守秘義務とチームや連携先との情報共有には葛藤が生じることもあります。こうしたことについては，丁寧にチームの中であらかじめ話し合いを重ねていくことが大切になります。また，実際の事例を通して守秘義務の在り方についてお互いの理解を深めていくことが大切になります。

スクールカウンセラーの仕事は，それぞれの学校の置かれている状況や，学校がスクールカウンセラーに期待する活動内容などに応じて変わってきます。そうしたことから，スクールカウンセラーには，柔軟な姿勢を持ちながら，学校が求めているものは何なのか，学校はどういう状況に置かれているのかなどを考えていくことが求められます。また，同時に学校の強みや持ち味，学校を取り巻く地域が培ってきた伝統や歴史などについても眼を向け尊重していくことが大切になります。

学校という現実の場で生活し，成長していく子どもに対する，地域に根づくスクールカウンセラーの活動は，臨床心理士の専門業務である臨床心理的地域援助の代表の一つといえます。

6　学生相談

学生相談の対象は，大学生，短期大学生などです。学生相談の活動としては，学生に対する個別のカウンセリングが中心になります。しかし，学生相談においては，教職員や家族に対するコンサルテー

ションや，学生の生活全般の支援にかかわることなども，カウンセリングと同じように重要になります。

　また，学生相談のカウンセラーはその大学の教員が兼ねている場合があり，そのときにはカウンセラーは教員として教育活動にも参加し，心の理解やストレスに対する対処法などにかかわる講義や演習を担当することもあります。

　また予防的な意味を含みながら，学生相談のカウンセラーは様々なグループ活動を開催するなどして，相談室が学生にとって敷居の低い場所となるような工夫を重ねてきています。また，教職員に対する学生の理解や支援にかかわる研修や普及啓発活動を行うこともあります。このように多様な活動により学生相談は展開されています。

　また最近になり相談室で待つのみではなく，援助者自身が積極的に相談室から出ていき，家庭訪問をしたりする「アウトリーチ（out-reach）」が行われるようになってきています。このアウトリーチは支援の前段階として位置づけられ，自ら支援を求めない，求められないために支援機関につながることがない人たちを適切な支援機関につないでいくことが目標となります。

　学生相談の相談内容としては，対人関係，自殺問題，発達障害，ひきこもり，不本意入学などがあります。青年期は心の病理の好発時期であり，早期発見・早期治療が予後に影響するため，的確に時期を逃さずに医療と連携をとることが望まれます。また，一人の学生が入学してから卒業するまでに，必要に応じて諸機関，たとえばゼミナール担当の教員などと協力することが大切になります。

7　教育相談センター

　教育相談センターは，都道府県あるいは区市町村の教育委員会によって設置された相談機関であり，自治体の条例や規則によって設置されています。そのため，その施設の規模や職員の体制はそれぞれ異なっています。

　教育相談センターの中心的な業務は，「地区住民への相談活動」と「学校への支援活動」です。都道府県が設置する教育相談センターでは，相談業務を行うとともに，調査・研究業務や教職員を対象とする教育相談にかかわる研修業務を行っていたり，区市町村の教育相談センターの連絡会を開催するなどコーディネーター的な機能を果たしているところもあります。一方，区市町村が設置する教育相談センターでは，地域住民への相談活動が中心となっています。

　教育相談センターの相談内容は，不登校，いじめ，家庭内暴力，発達の問題など，非常に多岐にわたっています。相談対象は，小・中学生およびその保護者が中心ですが，高校生の相談に応じているところもあります。また，相談経路については，教育相談センターが教育委員会により設置されているので学校から紹介されてくる相談が多いという特徴があります。

　相談担当者は，現役の指導主事（教員）により行われているところもあれば，教職経験者や心理職により行われている場合もあります。教職経験者や心理職の場合は，非常勤職員の形で雇われていることが多いようです。

　教育相談センターでの相談は，指導主事（教員）や教職経験者が

相談に応じる場合はその教員としての経験を生かした相談となり、心理職が相談に応じる場合にはカウンセリングの経験を生かした相談となります。教育相談センターにおいては、お互いがその専門性を生かし合うことで、多様な相談者のニーズに応えているという特徴があります。

また学校への支援活動は、相談活動とともに教育相談センター業務の大きな柱です。その内容は、①教職員を対象とした教育相談や生徒指導にかかわる研修、②教員の子どもの理解やかかわりについての相談に応じるコンサルテーションなどが挙げられます。

引用・参考文献

伊澤成男　2011　教育センターの機能　松原達哉（編）　カウンセリング実践ハンドブック　丸善　pp. 226-227.

伊東博　1995　カウンセリング　第4版　誠信書房　pp. 45-61.

諸富祥彦　1999　学校現場で使えるカウンセリング・テクニック（上）　誠信書房　pp. 19-34.

永井徹　2011　教育と心理臨床　日本心理臨床学会（編）　心理臨床学事典　丸善出版　pp. 140-141.

齊藤憲司　2011　学生相談　日本心理臨床学会（編）　心理臨床学事典　丸善出版　pp. 192-193.

高橋伸二　2011　学級担任によるカウンセリング　松原達哉（編）　カウンセリング実践ハンドブック　丸善　pp. 222-223.

高石浩一　2011　ひきこもり　日本心理臨床学会（編）　心理臨床学事典　丸善出版　pp. 166-167.

田波勝　2011　教育相談センター　日本心理臨床学会（編）　心理臨床学事典　丸善出版　pp. 190-191.

鵜飼啓子　2011　スクールカウンセラー　日本心理臨床学会（編）　心理臨床学事典　丸善出版　pp. 188-189.

第 10 章
生徒指導と教育相談

小正浩徳

1 はじめに

教育の現場で行われる児童・生徒への対応として,「生徒指導」と「教育相談」があります。どちらも学校の教員が中心となって行われますが、その違いとはどのようなものでしょうか。

ここでは、生徒指導と教育相談の定義、歴史そして意義について概観したいと思います。

2 生徒指導とは

生徒指導とは「社会の中で自分らしく生きることができる大人へと児童生徒が育つように、その成長・発達を促したり支えたりする意図でなされる働きかけの総称」(国立教育政策研究所生徒指導研究センター) のことです。

そして生徒指導は、2つの側面を担っています。一つは、子どもたちの「社会性の育成」であり、これは学校生活の中で児童生徒自らが、その社会的資質を伸ばすとともに、さらなる社会的能力を獲得していくことです。もう一つが、子どもたちが「社会に受け入れ

られる自己実現」を果たすことであり、これは社会的資質や社会的能力を適切に行使して自己実現を図りながら自己の幸福と社会の発展を追求していく大人になることです。

生徒指導とは、このようなことを願って児童生徒の自発的かつ主体的な成長・発達の過程を支援していく働きかけを指すのです。

3　生徒指導の歴史

現在の生徒指導の考え方がまとめられるまでの歴史を、鋤崎（2006）によるまとめをもとにしてみていきましょう。

（1）明治時代

生徒指導は、明治前期である1872年に学制が作られ公教育が誕生したことに端を発します。当時の学校制度はそれまでの人々の生活から離れたものであったため、親たちは子どもを就学させることについて否定的、拒否的でありました。そのためこの頃の生徒指導は、授業に臨む態度や、授業中の態度など授業を行うためのルールや教室のルールを定め、それを子どもたちに守らせるという側面が強いものでした。

明治後期になると、中等学校は学校数も生徒数も増加し、このことで教師の目が生徒に行き届きにくくなるという事態が生じてきました。同時に日本の産業が近代化していくにつれ、子どもたちの規範の乱れが目立つようになり、このようなことを律するための生徒指導や生徒の管理が強化されていきました。

(2) 大正時代～昭和初期

　大正時代から昭和初期には，大正デモクラシーによる自由主義・民主主義思想や社会主義思想の流入など，様々な考え方が人々の間に広がっていきました。同時に凶作や経済恐慌によって人々の暮らしが困窮する中で，人々は社会や体制に対する批判の意識が強くなっていきました。そこで政府は，当時の天皇制国家の考え方を子どもたちに強く教えこもうという意識をもって，生徒指導担当を専任化し，生徒の管理や取締り，思想の統制などを行っていきました。同時に生徒指導の中から職業指導が分化していきました。1927年に文部省が学校教育における職業指導の位置づけを明確にし，子どもに応じて，長所を伸ばし，職業の選択や上級学校への進学を行っていこうという姿勢を打ち出しました。こうした姿勢は，生徒指導にも影響を与えました。それまで「国民」としてあるべき姿に子どもが育つよう行ってきた生徒指導が，子どもの個性を尊重し，子どもを現実の生活の中で捉え，その生活に合わせた指導を行うように変わってきたのです。この頃の生徒指導は「生き方の指導」でした。そして，その指導を各教師が行うというものでありました。

(3) 第二次世界大戦後

　第二次世界大戦後，教育は教育の民主化と機会均等・平等という理念の中行われていきました。生徒指導も，集団の中で集団の一員を育成するというスタイルから，個人の育成，個性の伸長を目標とするスタイルへと変化しました。

　1949年に文部省設置法が制定され，生徒指導は文部省の中の初等中等教育局の所掌事務として規定されました。生徒指導は，教育指

Ⅳ　教育領域

導，健康指導，職業指導，人格指導，興味指導と5つの領域を担うこととなりました。しかし，戦後の貧困は子どもたちの非行という問題を引き起こし，非行問題への対応も生徒指導の枠組みの中に入っていきました。非行問題については，警察との連携を深め，生徒の健全育成と非行防止対策として生徒指導研究推進校を設置するなど取り組みを本格化させていきました。1965年，文部省は「生徒指導の手引」を作成し，その中で「学校における生徒指導体制」という章を立てて説明するなど，生徒指導を学校の組織として行う方向性を打ち出しました。

　こうして現在の学校の組織としての生徒指導体制が確立されていったのです。その後時代の特徴的問題である非行や校内暴力の増加もあって，1981年「生徒指導の手引（改訂版）」が発行されました。さらに，2010年に発達障害やインターネットの普及に伴う問題を踏まえた「生徒指導提要」が発行されたのです。

4　生徒指導の意義

　「生徒指導提要」には，教科教育における生徒指導，道徳教育における生徒指導，総合的な学習の時間における生徒指導，特別活動における生徒指導について説明されています。これらの中に通じている生徒指導の意義とは，次のようなものです。

　生徒指導では，学校の内外で，一人一人の児童生徒の健全な成長を促し，児童・生徒自ら現在および将来における自己実現を図っていくための自己指導能力の育成を目指します。

　「自己実現」を図るために，「生徒指導提要」では，学校生活の場

面において児童・生徒に対して自己選択や自己決定の場や機会を教員が与え，その過程において，適切に指導や援助を行うこととしています。また，「自己指導能力」を育むためには，授業や休み時間，放課後，部活動や地域における体験活動の場において，発達の段階に応じた生徒指導を行う必要があるとしています。発達の段階に応じた生徒指導を行うためには，個々の児童・生徒の実態に合わせ，個別の指導や援助も必要となります。そのためには，意図的かつ計画的に組織として生徒指導を行う姿勢が重要となるのです。

5　教育相談とは

中学校学習指導要領解説（特別活動編）によれば，「教育相談は，一人一人の生徒の教育上の問題について，本人又はその親などに，その望ましい在り方を助言することである。その方法としては，1対1の相談活動に限定することなく，すべての教師が生徒に接するあらゆる機会をとらえ，あらゆる教育活動の実践の中に生かし，教育相談的な配慮をすることが大切である」とされています。つまり，相談の対象となる子どもや保護者が抱える教育上の課題や困難に対して，必要な援助を行うという幅広い活動のことです。

教育相談が行われる場所として，学校と公的機関である教育相談所（室）などの専門機関があります。このうち，学校で行われるものを「学校教育相談」，専門機関で行われるものを「教育相談」と呼んで区別しています。さらに，「学校教育相談」では，児童生徒の人格的成長・発達を目指す点に着目して，「開発的教育相談」ともいいます。それに対して「教育相談」は，心理療法の意味合いを

もつことから,「治療的教育相談」ともいいます。

6　教育相談の歴史

教育相談の歴史について,とくに「学校教育相談」に着目して,内田・海老沢（1999）がまとめたものをもとにみていきましょう。

(1) はじまり

心理学の知識を踏まえた教育相談が始まったのは,1896年アメリカのペンシルバニア大学でウィットマー（Witmer, L.）が心理クリニックを開設したことによるとされています。日本では,1917年児童教養研究所と呼ばれる民間施設が開設されたのがはじめとされます。そこでは,子どもたちの個人的な適応上の問題や職業の選択についての相談や指導が行われました。その後,1919年に大阪に児童相談所,1925年には東京に児童教育相談所が設立されました。しかし日本における教育相談は,地域的にも限定されたものであり,戦前における日本の人間観がそれらの活動の基底に流れていたため,今日の臨床心理学における援助実践活動の人間観とは異なるものであったとされています。

(2) ロジャーズの非指示的カウンセリングの影響

戦後になり,ガイダンス的生活指導の考え方が日本に入ってきました。大学の研究者が学生相談室を設置し,研究,面談活動を実施することにより導入することで始まったのです。その後,各地の大学に学生相談室が設置されると同時にアメリカから多くの研究者が

来日しその理論が広められました。こうした中で、ロジャーズ(Rogers, C.)の非指示的カウンセリングが日本へ紹介されました(第9章参照)。非指示的カウンセリングの中心となる受容・共感・傾聴は、当時の学校教育の現場ではたいへんインパクトの強いものでした。この結果、学校では専門機関を模倣した相談室を校内に設置することが行われていきました。これは、教員がカウンセラーでもあるという形態のもとをつくり、学校の枠組みとのずれをうみだしました。そのために、その活動や担当者は学校内で孤立化し、批判をうけるという側面もでてきたのです。

(3) 学校独自の教育相談

このような批判に対して、昭和40年代には児童生徒の自己理解や自己実現を援助するという実践が試みられるようになりました。東京都教育委員会が「いつでも、どこでも、だれでも」という発想のもとに、学校における教育相談をそれまでの問題傾向をもつ児童・生徒の指導という面だけでなく、すべての児童・生徒の自己理解、自己実現の援助という広い視点を打ち出しました。この試みはそれまでの教育相談の考え方を見直す観点であり従来の教育の方法や考え方に発想の転換を迫ろうとする教育理論上の意義をもつことを示唆した点で注目されました。こうして、学校独自の教育相談理論つまり「学校教育相談」が方向づけられたと言えます。

また、昭和50年代以降に、学校では校内暴力、登校拒否、いじめといった従来の指導法のみでは対処できない問題が生じたことにより、あらためて学校教育相談の必要性が2つの面から認識されるようになってきたのです。一つは児童・生徒の問題行動に対する校内

での相談の必要性が高まると同時に、一般の教員が児童・生徒の問題行動について理解することや初歩的対応について研修し専門的対応をする必要性に対する認識です。2つ目は、児童・生徒と教師が日常的に本音を言える関係を樹立し、児童・生徒の内面にふれる指導を行う必要性の認識です。こうした認識を踏まえて、教師すべてがカウンセリング・マインドをもって児童・生徒に接することが求められるようになりました。

ロジャーズの考え方が日本へと入ってきた後、臨床心理学の実践者たちがアメリカやスイスなど外国で本格的な教育、訓練を受け、日本へと帰ってきました。その結果、ロジャーズ以外の様々な心理療法の考え方や技法が導入されたのです。このような状況もあいまって、「学校教育相談」は、臨床心理学の様々な理論や実践とのかかわりの中で、先駆的な実践や試行錯誤を通して、独自に構築されてきました。初期の頃は、臨床心理学の理論や技法の模倣ともいえるようなあり方でしたが、現在は、臨床心理学などの心理学を基礎として学校現場の特性を考慮し、様々な心理療法の考え方や技法が用いられる方向へと変化しています。

7 学校教育相談の意義

このような歴史を踏まえて、教育相談の意義は、「生徒指導提要」の中で「児童生徒それぞれの発達に即して、好ましい人間関係を育て、生活によく適応させ、自己理解を深めさせ、人格の成長への援助を図るものであり、決して特定の教員だけが行う性質のものではなく、相談室だけで行われるものでもありません。これら教育

相談の目的を実現するためには，発達心理学や認知心理学，学校心理学などの理論と実践に学ぶことも大切です。また，学校は教育相談の実施に際して，計画的，組織的に情報提供や案内，説明を行い，実践することが必要」とされています。

つまり，子どもたちへの対応のためには，心理学的見地も必要であるということです。幅広いものの見方を求められるのです。

これらの点から，「生徒指導」との相違を踏まえて考えると，「学校教育相談」は主に子ども個人に焦点を当て，かかわりを通して子どもの内面の変容を図ろうとするのに対して，「生徒指導」は主に子どもの集団に焦点を当て，行事や特別活動などを通じて，集団としての成果や変容を目指し，結果として子ども個人の変容に至らせようとしています。つまり，個人とのかかわりか，集団とのかかわりかという相違があるのです。

このように考えていくと，「生徒指導」で児童生徒の問題行動に対する指導や，学校・学級の集団全体の安全を守るための管理や指導を行った後に，「生徒指導」を受けた児童生徒にそのことを自分の課題として受け止めさせ，問題がどこにあるのか，今後どのように行動すべきかを主体的に考えさせ，行動につなげるようにする「学校教育相談」の必要性がわかると思います。そして，臨床心理学などの心理学の知見が，指導の効果を高める上でも重要な役割を果たしているのです。

これらから，「生徒指導」の中に「学校教育相談」が含まれ，学校における子どもたちの成長に重要な位置を占めていると言えます。

引用・参考文献

国立教育政策研究所生徒指導研究センター　2012　生徒指導って，何？

文部科学省　2010　生徒指導提要

鋤崎勝也　2006　教育現場から提言する――生徒指導の実態とこれからの生徒指導　紀要 visio，**35**，25-42.

武田鉄郎（研究代表）　2006　慢性疾患，心身症，情緒及び行動の障害を伴う不登校の経験のある子どもの教育支援に関するガイドブック　課題別研究慢性疾患児（心身症や不登校を含む）の自己管理支援のための教育的対応に関する研究　独立行政法人国立特殊教育研究所　pp. 2-46.

滝　充　2011　小学校からの生徒指導――『生徒指導提要』を読み取るために　国立教育政策研究所紀要，**140**，301-312.

内田利広・海老瀬正純　1999　カウンセリングを活用した学校教育相談のあり方について（その2）――カウンセリングと学校教育相談の関連性をめぐって　京都教育大学教育実習研究年報，**15**，275-297.

鵜飼美昭　2004　学校教育と臨床心理業務　氏原寛・亀口憲治・成田善弘・東山紘久・山中康裕（編）　心理臨床大事典　改訂版　培風館　pp. 1160-1167.

第11章

スクールカウンセリング

赤津玲子

1 はじめに

スクールカウンセリングの歴史は非常に浅いものです。そして，今後もそれを担う専門家の力量如何によって，大きく拡大する可能性があります。一方で，臨床心理学だけを学び，知識だけを専門性と勘違いをして現場に臨むことが，大きな誤解を生むことにもつながります。

ここでは，そのようなスクールカウンセリングの歴史，現状，仕事の内容を紹介しながら，スクールカウンセリングに必要な能力について考えたいと思います。

2 スクールカウンセリングの経緯

(1) 経　緯

①スクールカウンセラー配置まで

スクールカウンセラー（以下，SCとする）が教育現場に配置されたのは，1995年です。「スクールカウンセラー活用調査研究委託事業」として，全国の中学校の中から154校に配置されました。当初

は，国からの全面的な予算補助で始められた全額委託事業でした。国が SC を配置してくださいと地方自治体に依頼し，そのための予算を全額補助したのです。それ以前から，いじめによる子どもの自死が社会問題となっており，心の問題を扱う専門家の配置について長いこと議論されていましたが，なかなか実現されませんでした。1994年，いじめを苦にした内容の遺書を残して自死した中学生の事件が大きく取り上げられたことなどがきっかけとなりました。

長いこと議論されていたにもかかわらず実現されなかった理由の一つは，学校現場に教育以外の専門家が入るということがそれまでなかったことです。現代では，様々な技能を持った地域の方々が学校で教えたり，参観期間などと称して保護者が自由に校内や授業などを参観できる期間を設けたりなど，地域に開かれた学校が目標とされています。しかし，SC が学校現場に配置された時期は，教育現場の「黒船来航」と揶揄されるほど，学校が非常に閉ざされていました。

②教育相談の存在

ちょっと脇道に逸れますが，当時，教育現場にはすでに教育相談という組織があり，反社会的行動に対するしつけやルール遵守の指導などを行う生徒指導の立場だけではなく，心の専門家としてかかわる視点が必要であると言われていました（第10章参照）。教育相談と生徒指導の立場は，水と油のようなものだと思われがちです。たとえば，万引きで補導された中学生に対してどのような対応が必要であるか検討してみましょう。教育相談の立場からは，万引きをした子どもの心のありようや家庭環境を理解した上で対応しようとします。生徒指導の立場からは，万引きという反社会的な行動を問題

として，生徒がこのような行動を二度と起こさないように教育的に指導します。教育相談が，何らかの不適応行動の背後にある心の問題を扱おうとするのに対して，生徒指導は不適応行動を改めるように指導します。一昔前だと，2つの立場は柔と剛に分かれているように見えました。しかし実際には，どちらの立場にある教員でも，心と行動の両方を扱うような対応がうまくいっているように見えます。

③カルチャーショック

では，「黒船来航」に戻りましょう。SCが教育現場に入るということは，教育相談を専門とする先生方と同じ立場どころか，それ以上の専門家が学校現場に入るということでした。子どもたちの心にアプローチしたいと思っている先生方にとっては，かなり領域侵略的な事態だったわけです。一方で，SCの方は，子どもたちの心の専門家として活躍してほしいと期待されているわけですから，子どもたちにアプローチしなければと考えていました。実際は，多くの現場の先生方から，SCはどういう人なんだろうと値踏みされていたわけです。そのため，当初は様々な問題が発生しました。たとえば，「SCは勤務時間中に相談室から出てこないが，何をしているのか」，「子どもの面接をお願いしても，守秘義務だと言われ，面接の内容を聞くことができない」などと言われました。当時SCとして採用された臨床心理士は，精神科医や大学教員，病院で心理テストを行っている心理士などでした。学校現場がどのように成り立っているのか，教育現場の先生方が何を考えているのかなどわかりませんでした。また，守秘義務の遵守は心理士として当然ですし，面接が主たる業務だと言われているのですから，面接室が自分の与えら

れた勤務の場であるのは当然でした。教育心理学と臨床心理学の共存は，両者の多大なカルチャーショックから始まったと言っても過言ではないでしょう。

（2）現　在

　このような試行錯誤を経て，現在のスクールカウンセラー委託事業は，地方自治体に任されている状態です。地方自治体が必要に応じて国に予算請求をする形となり，その結果，都道府県によって配置状況や勤務形態が大きく異なってきました。都道府県が一括して配置しているところもあるし，県だけでなく，市が市立学校に配置を行っている自治体もあります。国の事業であったときには中学校に全校配置をすることが目標とされており，現在では自治体によって小学校や高校まで配置しているところもあります。

　勤務時間も様々です。SCの勤務は1年ごとの非常勤契約になりますが，自治体によって予算枠が限られているため，配置形態も様々です。隔週の1日2時間勤務で対応を求められたりする一方で，毎週1日の8時間勤務でじっくり取り組める学校もあります。

　学校には，校務分掌という組織図があります。学校がどのように組織されているのか，教職員がどのような役割を担っているのかなど一目でわかります。学校によって異なっていますが，その中にSCの位置づけも明記されています。そして，SCの仕事の日程や面接の設定など，仕事内容の調整をするのが，SCコーディネーターという役割です。養護教諭が担っていることが多いのですが，教頭先生や教育相談部会の先生などが担当していることもあります。

第11章　スクールカウンセリング

3　スクールカウンセリングの現状

　公立学校には，小学校，中学校，高等学校があります。それぞれの学校で，年齢相応の教育がなされるように組織されています。SCが教育現場でかかわる場合，対象とする子どもの年齢が異なるので，発達的な視点が欠かせません。また，学校の雰囲気や地域性などによって，同じ小学校，中学校でもまったく異なっています。発達的な視点を縦軸とすると，地域性などは横軸として考えられるかもしれません。

　さらに，SCにとって守秘義務の問題は重要です。守秘義務とは，言葉通り「秘密を守る義務」です。医療機関などもそうですが，面接を行う上で，個人のプライバシーを守るための倫理的な配慮がなされる必要があります。

　ここでは，SCに必要な視点として，縦軸，横軸，守秘義務について説明します。

（1）縦軸の違い：子どもの発達
①小学校

　小学校は，6歳から12歳までの子どもたちを対象としています。6歳と12歳の子どもの違いは，たんに身長や体重の問題だけではありません。発達段階で見ると，低学年はまだまだ幼児に近く，家庭環境が大きく影響します。同級生同士のグループもできますが，高学年に比べるとかなり緩い集団です。不適応状態になると，言語的にはっきりと言えない場合が多くあります。それは，言いたくない

のではなく，うまく言葉で表現することができないのです。腹痛や吐き気，頭痛などの身体症状で訴えることも多々あります。保護者の心配は，「うちの子，みんなと一緒にちゃんとできるかしら」という類が多いかもしれません。保護者としては当然です。他の子どもと違うことを過剰に気にしがちとなるので，お母さんの頑張りを見つけて，自信を持ってもらうことが大事です。

　3〜4年生になると，他者が自分のようにいろいろ考える「心」を持つ存在であると考え始めます。思春期の扉に手をかけたと表現できるでしょう。子どもによって大きな違いはありますが，学級集団の中で誰と誰が一緒にいるのかということを気にするようになります。大人から見てひやひやするようなやりとりが見られますが，本人たちはその中でたくましく成長します。「誰々がこんなことを言った」など，言葉で表現することができるので，学級内で起こる対人問題の解決に，担任の先生が大きく関与してきます。保護者は，やっと子どもの手が離れたと思っていたところに，不適応が起こると驚きます。以前は問題がなかったのにと，担任の先生に責任の一端があるように感じてしまったり，同級生の問題もあると考えてしまったりします。それを，子どもなりに成長した証であると考えることがなかなかできないので，その辺りを汲んであげることも大事です。

　5〜6年生は，小学校の中ではかなり大人に見えます。これを，相対効果マジックと名づけてみましょう。子どもたちも，自分たちで文化祭の出し物を考えたり，下級生の世話をしたりする機会が増えて，成長したことを実感します。不適応になると，言葉で表現できないこともありますが，（言えるのに）「言いたくない」というよ

うな自己主張が出てきます。保護者は,「こないだまで言うことを聞くいい子だったのに」など,これまでの子どもとのギャップを実感します。本人の意思が前面に出てきますので,まずは「言えるような関係」をつくることが必要になります。これは,担任の先生と子どもとの間でも同じです。「6年生にもなって」と,相対効果マジックにかかったセリフが聞かれますが,中身は子どもです。その辺の対応を考慮する必要があります。理不尽な自己主張でも,それも成長の証と理解できるような援助が必要かもしれません。

②中学校

中学校は,12歳から15歳までの子どもたちを対象としています。小学校ではとても大人びて見えた子どもが,中学校に入学するとまるで小学校1年生のような子どもに見えます。このような相対効果マジックが保護者に作用すると,子どもの幼くみえがちな発言に対して「中学生なんだから自分で考えなさい」と言うことになります。中学校は科目ごとに先生が違いますので,小学校の担任に両手を持ってサポートされていた子どもたちには驚くことばかりです。また,自分の小さい頃からの友人たちと異なる集団に入る場合が多いので,カルチャーショックも大きくなります。

③高等学校

高等学校は,15歳から18歳までの子どもたちを対象としています。ここで作用する相対効果マジックは,「もう大人なんだから」です。子どもたちの多くは,先生方の対応から義務教育が終わったことを実感し,単位不足が留年や退学の事態を招くことを学びます。身体は大人になったけど,自分の感情や欲求をコントロールすることはまだまだ難しく,それに友人関係の複雑さも絡み合い,不適応が多

Ⅳ　教育領域

くなります。相対効果マジックにかかった保護者は，いい意味でも悪い意味でも「自分の好きにしなさい」と言うことが多くなります。子どもの自己主張やこだわりも強くなるので，現実的な場面を共有できるような面接や，保護者のサポートを引き出すことが必要でしょう。

（2）横軸の違い：地域性や学校の雰囲気

　自分の住んでいる町と隣町の雰囲気が異なっているように，学校にもその地域独自の雰囲気があります。父親が一般企業に勤務しているサラリーマン家庭が多い地域，街中で自営業の商家が多い地域，2〜3世帯同居が当たり前で兼業農業を営んでいる地域，大きな工業団地がある地域など，土地柄は経済的な面も含めて家庭環境に大きく影響します。

　俗に言う転勤族世帯だと，近隣に祖父母世代や親戚など，サポートしてくれる人がおらずに孤立している家庭もあります。逆に，祖父母世代から住んでいる地域だと，いわゆる世間体を何よりも気にしてしまう家庭があったり，親世代の関係が子ども同士の関係に影響したりする場合もあります。

　学校で問題行動があった子どもへの対応として，地域の病院と連携しなくてはならない場合も，地域性は影響します。人の出入りが多い都市部だと，心療内科などの受診に対する敷居は低いかもしれません。しかし，人の出入りが少ない地域などで，心療内科や精神科に対する偏見が強いと，受診に対する敷居も高くなります。受診を勧めただけで不快に思う保護者もいるし，近くの病院をあえて避ける事態も起こります。

学校の雰囲気には，校長先生や管理職の思いも影響します。校長先生のポリシー，管理職や教職員間の関係が，校風と表現されるような雰囲気をつくりだします。

(3) 守秘義務について

臨床心理学を学んできた SC にとって，守秘義務の遵守は重要です。しかし，学校現場では，子どもや保護者との面接内容を，ある程度，他の教職員と共有する必要があります。学校現場で SC が子どもとかかわれる時間はほんの1時間程度で，子どもはそれ以外の多くの時間を他の教職員とのかかわりの中で過ごしています。そのため，面接で得た情報の一部を共有する必要性が生じます。たとえば，不登校の子どもの状態について説明した上で共有すること，対応を一致させることが，子どもに対する適切な対応に結びついて，不登校が改善することが多く見られます。保護者面接を行ったのであれば，それも同様です。母親の私的なことなど家庭状況を共有する必要はありませんので，最低限必要な情報を見極めることが大切です。

4 スクールカウンセリングの活動

SC の仕事には，様々な内容があります。いくつかを挙げてみますが，学校によってどのようなことが求められるかは異なっているので，注意が必要です。

Ⅳ　教育領域

（1）児童・生徒のカウンセリング

　子どもの個人面接は，SC 配置の背景となったオーソドックスな仕事です。学校やそのケースの状況によって，子どもの個人面接の設定の仕方は異なっています。誰のどのような声かけで子どもが面接に来たのかなど，面接が設定された経緯を把握する必要があります。たとえば，養護教諭が，保健室への来室頻度が高い子どもをカウンセリングに誘ったのかもしれませんし，それに関して，担任がどのように捉えているのかというアセスメントも必要です。また，子どもがカウンセリングを受けたいという要望を汲んでいる学校もあるので，子どもが自ら希望して来談する場合もあります。

（2）保護者が子どもへの対応を相談するコンサルテーション

　コンサルテーションとは，専門家が他の専門家に相談することです。この場合，子どもの専門家である保護者が，子どもへの対応について SC に相談することを指します。子どもの場合と同様に，面接の設定された経緯を把握する必要があります。担任から勧められて来談したのか，担任から言われて不本意な気持ちで来談したのか，保護者自らの申し込みなのか，様々な場合が想定されます。保護者自らが相談を希望して来談した場合，その動機づけの高さを肯定的に扱うことが大事です。あるいは，母親の過剰な不安で来談したとしても，母親を問題視する必要はありません。その不安の中に，母親として当然である部分を見出し，肯定することも大事です。保護者が不本意な気持ちで来談した場合は，教員が面接を勧めた理由を把握し，学校側の面接に対する要望をアセスメントする必要があります。その上で，必要であれば保護者の相談意欲を高める工夫が必

要です。

（3）教員が保護者や子どもへの対応を相談するコンサルテーション

　教員の中でも，担任へのコンサルテーションは欠かせないものです。学校現場で成立する子どもや保護者の面接は，すべて担任がかかわっています。担任自身が，何とかしたいと思っている場合もあるし，自分のクラスの子どもがSCの面接を受けたというだけで，自分の対応不足を非難されたと感じる担任もいます。そのため，まずは担任がどのように考えているのかアセスメントをする必要があります。たとえば，子どもとの面接後に，直接SCに話を聞きたいと言ってくる担任は，何とかしたいという思いも強いのかもしれません。一方で，朝から何度も顔を合わせているのに，子どもの面接のことを一言も言ってこない担任もいます。もしかしたら，子どもがカウンセリングを受けることに拒否的なのかもしれません。いずれにせよ，SCからみたら担任は教育の専門家です。その専門性を十分に考慮し，それまでの担任の対応を肯定的に扱うことが必要です。

（4）教職員や保護者を対象とした研修会

　教職員は年間を通して様々な研修会に参加しています。そのような研修会に慣れている教職員に対して，SCはその学校のスタッフの一人であるからこそ，その学校に有意義な研修会を企画できるのです。また，学校側から，どのような研修会をしてほしいのか具体的に依頼される場合もあります。そのニーズを十分に理解することが大切です。保護者研修会も同様です。研修会がどのように告知さ

研修会は，教職員や保護者に SC がどのような人物なのか理解してもらう大きなチャンスにもなります。それは，学校側のニーズにも含まれます。SC は悪い人じゃない，話しやすそうな人だ，そんなことでも相談していいのか，などと思ってもらえたら，学校側にとっても有益です。実際に，研修会ができそうもない SC には，依頼がきません。チャンスをもらったと思い，自己紹介のアピールポイントを考えておくことも必要です。

（5）その他

上記以外に，学校によって様々な役割が求められますので，いくつか挙げてみます。

「子どもや保護者に配布する『SC 便り』を発行してほしい」

SC 便りは，学校によって実施状況が様々です。単発で依頼される場合もあるし，継続的に発行してほしいと言われる場合もあります。何が求められているのか，内容を工夫する必要があります。教職員から，どのような内容にしたらいいか教えてもらってもいいでしょう。

「子どもの様子が気になるので，教室の様子を見に来てほしい」

小学校に多く，教室の中で子どもの様子を観察してほしいというものです。参与観察という形態で，特定の子どもだけではなく，担任の教室マネジメントの特徴や子どもたちの様子，雰囲気などを把握することができるチャンスです。

「事例検討会をしたいので参加してほしい」

学校側の対応として，専門家としての意見を聞きたいという場合です。すでにSCがかかわっているケースの場合もあります。かかわっている先生方が一致団結してケースに対応できるような流れをつくることが大切です。

5 おわりに

スクールカウンセリングに必要なのは，臨床心理学の知識だけではありません。SCに求められているのが，臨床心理学の専門性だと思い込むことはとても危険です。まず大切なのは，人としての最低限のマナー，教職員とのコミュニケーションスキルです。挨拶からちょっとした日常会話まで，こちらのアンテナを最大限に伸ばす必要があります。学校現場は非常に忙しく，教職員は授業以外に，子どもへの対応，授業準備，提出しなければならない書類作成に追われています。そのような状態で，教職員に時間をもらうことが，どんなに無謀であるか理解した上で，その時間をどのようにつくりだしてもらうのか，話をする以前に考えなければなりません。

そのような関係を形成しながら，自分自身に課せられた仕事をこなします。何らかの仕事を受けることが関係形成のチャンスであり，それがさらに他の仕事につながります。このような日々の積み重ねが，その学校における自分の役割として明確になり，周りもそれを理解してくれるようになります。面接やコンサルテーションなど様々な仕事がありますが，自分の仕事のやりやすさは，自分自身がつくりだすものだと考えることが大切でしょう。

V 特別支援臨床領域

発達上個別の支援を必要とする子どもの子育てにおいて，本人や保護者への取り組みの必要性が高まってきています。

　その状況の変化を踏まえ，障害者基本計画や発達障害者支援法や障害者自立支援法（現・障害者総合支援法）が策定され，それらの法の下，教育現場では，それぞれの障害の特性を把握し，一人一人のニーズに応じた総合的な支援の一つとして特別支援教育が具体的に取り組まれつつあります。

　臨床心理学における特別支援臨床領域は，学校教育や保育の現場の多様な実態における個人や集団への心理的援助の研究・実践に重点を置く領域です。この領域では，学校教育の多様な実態を把握するとともに，教育現場の特別支援教育にかかわる発達支援やその教育補助，児童生徒に対する福祉・心理的援助の活動について学び，それらの現場における実践と研究を展開していきます。

　そこでこの第Ⅴ部では，発達障害児やその家族が地域で生きる一人の人として，豊かに日常生活や学校生活を営む上で必要としている心理的援助のあり方について考えます。特別支援臨床領域における共生の視点に立った対人的相互支援に必要とされる資質を養うための基礎的な知見を，心理臨床的視点から特別支援教育を中心に述べていくことにします。

第12章

特別支援教育の基礎と歴史

滋野井一博

1 障害を見つめる視点

障害の概念やそれに伴う表記の方法は，私たちの意識とその時々の社会情勢とともに変化しています。本書では，障害の表記については（「障がい」「障碍」などではなく）教育・福祉・医療領域において一般的に使用されている「障害」の表記を使用することにします。また，障害の概念については世界保健機関において示されている考え方を中心に紹介していきます。

（1）国際障害分類（ICIDH）

一般的に障害とは，個人の精神，身体における一定の機能が，比較的恒久的に低下している状態を言います。障害に関する国際的な分類としては，これまで，世界保健機関（以下「WHO」）が1980年に「国際疾病分類（ICD）」の補助として発表した「国際障害分類」（International Classification of Impairments, Disabilities and Handicaps；ICIDHと記す）モデルが用いられてきました。ICIDHモデル（図12-1）では，障害を「機能・形態障害」「能力障害」「社会的不利」の3つのレベルに分けています。具体的には機能・形態

V 特別支援臨床領域

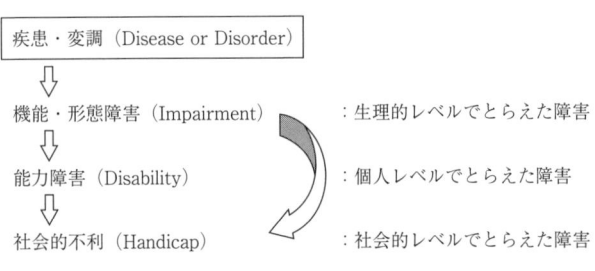

```
疾患・変調（Disease or Disorder）
   ↓
機能・形態障害（Impairment）    ：生理的レベルでとらえた障害
   ↓
能力障害（Disability）          ：個人レベルでとらえた障害
   ↓
社会的不利（Handicap）          ：社会的レベルでとらえた障害
```

図12-1　ICIDH：WHO 国際障害分類（1980）の障害構造モデル

障害は器質的な構造，あるいは機能上の欠損や異常を意味しています。能力障害とは，人間として正常と考えられるやり方，あるいは範囲内である活動を行う能力の制約や欠損を意味しています。社会的不利は，個人が行おうとする役割を遂行することを妨げたり制限したりするような不利な条件を意味しています。これらの3つのレベルを用いて ICIDH では障害が生じる機序を「疾患・変調が原因となって機能・形態障害が起こり，それから能力障害が生じ，それが社会的不利を起こす」と説明しています。

この ICIDH の障害構造モデルは，障害を階層的にとらえようとしています。そのため，障害を客観的な視点から分類しようと試みたことにより障害のマイナスイメージに焦点化された印象が強いものとなりました。その後，障害を見つめる観点としては，障害のある人の心を尊重する意味において，客観的な視点と合わせて主観的にとらえることが必要であるとされるようになります。すなわち，その人たちの生活の様々な体験を通して生じる「心の働き」について見つめる必要があるというものでした。具体的には生活の中で生じる悩み，苦しみや絶望感といった感情とともにそれらを克服する

第12章 特別支援教育の基礎と歴史

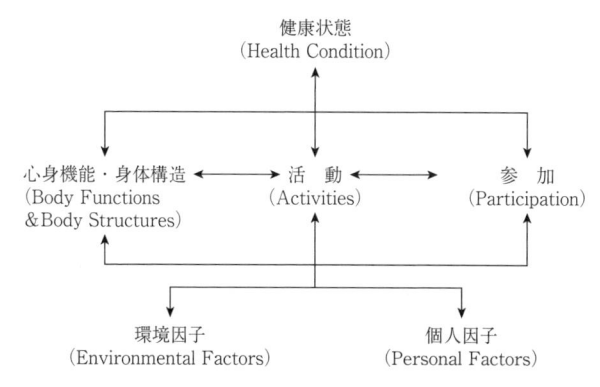

図12-2 ICF：国際生活機能分類（2001）の生活機能構造モデルにおける構成要素間の相互関係

ために生まれてくるプラスの心の働きを大切にしようとする視点です。さらにその人たちが有している健常な機能や潜在的な能力の側面も同等に大切にした構造モデルの構築が求められるようになります。

（2）生活機能・障害・健康の国際分類（ICF）

そのような社会的背景の中、WHOが2001年に発表したのが、「生活機能・障害・健康の国際分類」（International Classification of Functioning, Disability and Health：以後ICFと記す）です（図12-2）。ICFは、人間の生活機能と障害の分類法として、2001年5月、世界保健機関（WHO）総会において採択されました。この構造モデルは、生活機能構造モデルと呼ばれています。ICFモデルでは、マイナスの視点で整理されたICIDHの3つのレベルを、「心身機能・身体構造」「活動」「参加」といったプラスの視点に転換して「生活機

能」として整理しています。そして、これらの「生活機能」に支障がある状態を「障害」としてとらえており、各要素に支障がある状態をそれぞれ「機能・構造障害」、「活動制限」、「参加制約」としました。さらに、「生活機能」と「障害」に影響する因子として「個人因子」に加えて「環境因子」の観点を取り上げています。「生活機能」と「障害」の状態は、すべて両方向の矢印でつないでいるように「健康状態」や「環境因子」等と相互に影響し合うことを意味しています。つまり、ICFはICIDHが障害レベルの分類を中心に示したのに対して生活機能と障害の分類となり、障害のみを対象とするのではなく、あらゆる人間を対象として、その生活と人生のすべて（プラスとマイナス）を分類して記載し、その内容を評価するものといえます。

なお、厚生労働省では、ICFの考え方の普及および多方面で活用されることを目的として、ICFの日本語訳である「国際生活機能分類—国際障害分類改訂版—（2002）」を作成しています。

以上、ICFに示された考え方は、今後、障害者はもとより、すべての人たちに対する保健、医療、福祉、教育などの対人援助や、その機能を担う社会システムのあり方を示唆しているものと考えられます。

2　特別支援教育の定義

特別支援教育に関しては、2003年3月の「特別支援教育の在り方に関する調査研究協力者会議」の「今後の特別支援教育の在り方について（最終答申）」が出され「小・中学校において学習障害（LD）、

注意欠陥／多動性障害（ADHD），高機能自閉症の児童生徒への教育的支援を行うための総合的な体制を早急に確立することが必要」と提言されました。その中で，特別支援教育とは，「従来の特殊教育の対象の障害だけでなく，LD，ADHD，高機能自閉症を含めて障害のある児童生徒の自立や社会参加に向けて，その一人一人の教育的ニーズを把握してその持てる力を高め，生活や学習上の困難を改善する又は克服するために，適切な教育や指導を通じて支援を行うものである。」とされています。

3 特別支援教育の歩みとその背景

（1）特別支援教育以前

わが国における障害のある子どもに対する学校制度上の教育は，1890年に制定された小学校令にはじめて盲唖学校に関する規定が設けられて以来，明治期後半から取り組まれてきました。1923年，「盲学校及聾唖学校令」以降，各道府県（この頃は東京府でした）に設置されるようになり，新学校の設置や私立学校の道府県移管が進み，その後，私立学校数を国・公立学校数が上回るようになりました。このような背景を受け，盲・聾教育の充実とともにそれ以外の障害のある子どもに対する教育の充実を図ろうとする機運が，社会の中で次第に大きくなっていきます。

そのような社会の動きから1947年に制定された学校教育法では，「特殊教育」として盲学校，聾学校及び養護学校並びに特殊学級が位置づけられました。翌年から盲学校と聾学校の義務制が開始され，1956年にかけて都道府県に設置されました。さらに1979年からは養

護学校における教育の義務制が実施されるなど，その充実が図られてきました。

このように特別支援教育以前の障害のある子どもに対する教育制度の改革のポイントは，「教育を受ける機会の確保と教育環境の整備」と，盲・聾・養護学校や小・中学校の特殊学級・通級指導教室における「障害の種類や程度に応じた指導内容の充実」にあったように思われます。その後，医学や心理学等が進展するとともに社会におけるノーマライゼーションの理念が次第に浸透してきました。一方で，障害のある子どもたちの増加や障害の重度・重複化，多様化がみられるようになり，その中で発達障害のある子どもたちに対する発達支援やその保護者への子育て支援の必要性が高まってきました。

その状況の変化を踏まえ，障害者基本計画や発達障害者支援法や障害者自立支援法（現・障害者総合支援法）が策定され，それらの法の下，教育現場では，それぞれの障害の特性を把握し，一人一人のニーズに応じた総合的な支援の一つとして特別支援教育が具体的に取り組まれることになります。

（2）特別支援教育の成立に向けて

特別支援教育の成立に向けて，2001年1月に，21世紀の特殊教育の在り方に関する調査研究協力者会議から出された「21世紀の特殊教育の在り方について」の最終答申の中で特別支援教育の理念が示されました。これを受け，文部科学省では，同年10月に「特別支援教育の在り方に関する調査研究協力者会議」を設置し，近年の児童生徒の障害の重度・重複化に対応するため，障害種別の枠を越えた

盲学校・聾学校・養護学校の在り方と LD, ADHD, 高機能自閉症などの障害のある小学校・中学校に在籍する児童生徒への対応について検討を行いました。

その検討した結果を踏まえて，2002年12月24日に閣議決定された「障害者基本計画」の基本方針においては「学習障害，注意欠陥／多動性障害，自閉症などについて教育的支援を行うなど教育・療育に特別のニーズのある子どもについて適切に対応する」ことが盛り込まれました。

ついで，「障害者基本計画」に基づき「重点施策実施5カ年計画」においては，「小・中学校における学習障害（LD），注意欠陥／多動性障害（ADHD）等の児童生徒への教育支援体制の整備のためのガイドラインを平成16年度までに策定する」ことが示されました。このガイドライン（文部科学省，2004）の活用により，小・中学校において LD, ADHD, 高機能自閉症の児童生徒への教育的支援が具体的に検討されるようになりました。

（3）特別支援教育の開始

これらを受けて，文部科学省では，2003年度から総合的な支援体制の整備を図るためのモデル事業を実施するとともに2003年8月に「小・中学校における LD（学習障害），ADHD（注意欠陥／多動性障害），高機能自閉症の児童生徒への教育支援体制の整備のためのガイドライン（試案）」（2004年1月）が策定されました。また具体的な支援体制の構築を目指して「特別支援教育推進体制モデル事業」が各都道府県で開始されており，2007年までにその支援体制の構築を目指すことになりました。

また，2006年6月15日に開催された衆議院本会議において，2003年12月8日に取りまとめられた中央教育審議会答申「特別支援教育を推進するための制度の在り方について」の提言を踏まえた政府提案である「学校基本法等の一部を改正する法案」が可決成立し，初等中等教育局特別支援教育課より2006年6月21日に交付されました。

主な改定の概略としては，盲学校，聾学校，養護学校を，障害種別を超えた特別支援学校に一本化したことと，特別支援学校においては，在籍児童等の教育を行うほか，小中学校等に在籍する児童生徒の教育についての助言，援助に努める旨を規定したことがあげられます。

それに加えて，小中学校等においては，LD・ADHD等を含む障害のある児童生徒等に対して適切な教育を行うことを規定するなど，小中学校等において特別支援教育を推進するための規定を法律上に位置づけました。また，通級指導教室による指導の対象にLD・ADHDが新たに加えられました。この制度は，2007年4月1日から施行されました。さらにこれに伴う関係法令の整備の中で，障害のある児童の就学先を決定する際には保護者の意見も聴くことが法令上義務づけられました。

4　特別支援教育の基本的理解

ここで，特別支援教育のポイントを整理しておきましょう。

(1) 一人一人の教育的ニーズ

これまでの「特殊教育」では，障害の種類や程度に応じて盲・

聾・養護学校や特殊学級といった「特別な場で指導」を行うことにより，手厚くきめ細かい教育を行うことに重点が置かれてきました。これに比して「特別支援教育」では，障害のある幼児・児童・生徒の自立や社会参加に向けた主体的な取り組みを支援するという視点に立ち，幼児・児童・生徒の「一人一人の教育的ニーズに応じた指導」に重点を置き，「その持てる力を高め，生活や学習上の困難を改善又は克服するため，適切な指導及び必要な支援を行う」としている点が挙げられます。

「教育的ニーズ」とは教育のみのニーズだけではなく，身体的，心理的，発達的，福祉的な様々なニーズを包括的に把握することを意味しています。この個別のニーズの支援の主体が誰であるのかを明確にしていく必要があります。その際，客観的ニーズに加えて，主観的ニーズや関係性のニーズを視野に入れた把握が必要となります。このような個別のニーズを把握する際，ICFの視点を用いた整理を行っていくことはとても有用な方法の一つといえます。

（2）生涯発達支援の中で

次に特別支援教育は学齢期の児童・生徒を対象としています。しかし，その支援においては，早期発見，早期支援として就学前において実践されてきた様々な心理的，発達的アプローチが就学に向けた移行支援を経て，学校教育場面や日常生活場面の中で継続的，発展的に取り組まれていくことになります。さらにその支援は，就労支援や多様な地域生活支援へと移行していきます。つまり，対象者に就学期限定としてアプローチするのではなく，「生きる主体：人間」・「生きるプロセス」ととらえ，その対象者が生まれて死するま

での生涯にわたって支援していくことを意味しています。言い換えれば生涯発達支援の学齢期におけるアプローチの一つが特別支援教育といえるのです。

また，特別支援教育における計画の策定にかんしては，措置的視点から契約的視点への移行を重視している点が挙げられます。つまり支援計画は対象者や保護者とともに実践していくことが謳われています。

引用・参考文献

American Psychiatric Association 2000 *Diagnostic and statistical manual of mental disorders* (4th ed. text revision). American Psychiatric Association.（髙橋三郎・大野裕・染矢俊幸（訳） 2004 DSM-IV-TR 精神疾患の診断・統計マニュアル 新訂版 医学書院）

文部科学省 2004 小・中学校におけるLD（学習障害）ADHD（注意欠陥／多動性障害）高機能自閉症の児童生徒への教育支援体制の整備のためのガイドライン（試案） 東洋館出版

文部科学省初等中等教育局特別支援課 2002 就学指導資料

中村義行・大石史博（編） 2011 障害臨床学ハンドブック ナカニシヤ出版

世界保健機関 2002 ICF国際生活機能分類——国際障害分類改訂版 中央法規出版

田中康雄 2009 支援から共生への道 慶應義塾大学出版会

上田 敏 2005 ICF（国際生活機能分類）の理解と活用 きょうされん

第13章

発達障害と特別支援教育

滋野井一博

1 発達障害の基本的理解

(1) 発達障害とは

特別支援教育の対象としては、従来の特殊教育の対象に加えて、学習障害(LD)、注意欠陥／多動性障害(ADHD)や高機能自閉症などの発達障害を有する児童生徒をその対象としています。

特別支援教育における発達障害とは「自閉症、アスペルガー症候群その他の広汎性発達障害、学習障害、注意欠陥多動性障害その他これに類する脳機能の障害であってその症状が通常低年齢において発現するものとして政令で定めるものをいう」(発達障害者支援法, 2006)と定義されています。この発達障害に見られる状態には「遅滞」と「偏り」が認められます。

発達障害に見られる特性を以下にまとめておきます。まず、発達障害の原因として現在の医学では脳の機能の障害を仮定していますが、原因はわからないとされています。したがって発達障害は症状診断であるといえます。その発達の状態としては「発達水準および精神年齢に比して、発達の偏りが顕著である」としています。またその発達特性は「生涯もち得る困難さである」とされています。ま

たその発達特性に応じた適切な援助があれば，改善されていく可能性があるとされています。したがって生涯にわたる発達支援が効果的に機能するためには，その対象児がその課題の意図に気づくことが重要であるとされています。

(2) 自閉症・注意欠陥／多動性障害・学習障害の特性

次に特別支援教育において示されている自閉症，注意欠陥／多動性障害と学習障害について整理しておきます（菅原，2011）。

①自閉症

自閉症の基本的特徴は，「3歳位までに現れ，①他人との社会的関係の形成の困難さ，②言葉の発達の遅れ，③興味や関心が狭く特定のものにこだわることを特徴とする行動の障害であり，中枢神経系に何らかの要因による機能不全があると推定される」とされています。現在，自閉症は医療における診断名としては一般的に自閉性障害が用いられています。従来の特殊教育では，自閉症は知能の水準や障害の程度に応じて特殊学校（養護学校）や特殊学級における教育の対象とされていました。特別支援教育では従来の特殊教育で対象としていた自閉症に加えて高機能自閉症やアスペルガー症候群も対象としています。高機能自閉症とは上記に示す自閉症の基本的特徴を有し，かつ知的な遅れが認められない自閉症を意味します。アスペルガー症候群とは，知的発達の遅れを伴わず，かつ，自閉症の特徴のうち言葉の発達の遅れを伴わないものです。なお，高機能自閉症やアスペルガー症候群は，自閉症と同様に広汎性発達障害に分類されるものです。

②注意欠陥／多動性障害

注意欠陥／多動性障害の基本的特徴は、「年齢あるいは発達に不釣り合いな注意力、及び／又は衝動性、多動性を特徴とする行動の障害で、社会的な活動や学業の機能に支障をきたすものである」とし、加えて「7歳以前に現れ、その状態が継続し、中枢神経系に何らかの要因による機能不全があると推定される」とされています。

③学習障害

学習障害の基本的特徴は、「基本的には全般的な知的発達に遅れはないが、聞く、話す、読む、書く、計算する又は推論する能力のうち特定のものの習得と使用に著しい困難を示す様々な状態を示すものである。その原因として、中枢神経系に何らかの機能障害があると推定されるが、視覚障害、聴覚障害、知的障害、情緒障害などの障害や、環境的な要因が直接の原因となるものではない。読字、算数、または書字表出において、個別施行されたその人の標準化検査の成績が、年齢、就学、知的水準から期待されるより十分に低い場合に診断される」とされています。この定義は、医学的診断で基本的特徴として示されたアカデミックスキルの「読むこと」「計算すること」および「書くこと」の障害に加えてコミュニケーションスキルの「聞くこと」「話すこと」の障害を加えたものといえます。

2　支援者に求められる姿勢と体制

特別支援の理念を踏まえた取組の中で、心理臨床的視点から支援者に求められる姿勢としては、本人と周囲が今ある状態と課題を前向きに受けとめる（障害の受容）プロセスに向き合うことが前提となります。

Ⅴ　特別支援臨床領域

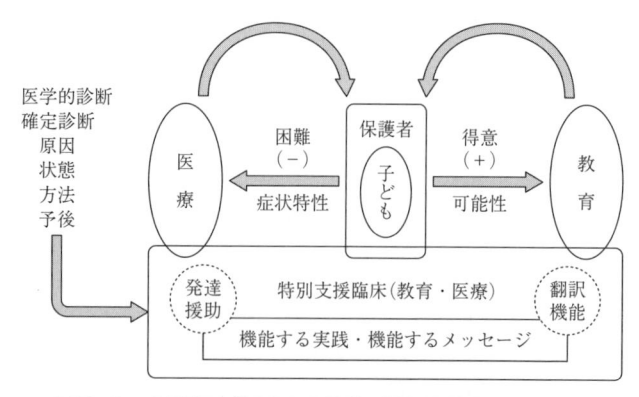

図13-1　支援者に求められる姿勢（特別支援臨床の視点）

　まず，子どもと向き合い接していくには，子どもの全体を見つめ一人一人のパーソナリティを尊重していく姿勢が重要とされます。発達特性や障害特性などを整理し，理解していくことも当然大切ですが，実際にかかわっていく際にはその子自身が「得意とすること」や「できそうなこと」に着目していくことが大切です。

　次に保護者を対象とした子育て支援としては，保護者自身の生き方や子育てに対する価値観を見つめ理解し受け止めていく姿勢が求められます。その際，保護者自身の人生を歩む存在，子どもとともに今を生きる共同体としての存在，そして子どもを育む主体，個別の発達支援者としての存在など多様な「顔」があることを認識していく必要性があります。

　このように多様な価値観を有する子どもや保護者に受けとめてもらい，日常生活で活用してもらえる機能するメッセージを翻訳して伝えていこうとする姿勢が求められています。

　また，特別支援を支える体制としてこうした特別支援の取組の中

では，一貫した相談体制の必要性が指摘できます。発達支援や子育て支援を心理臨床が担う役割として，「今」「ここで」という視点と「地域社会に生きる人として」という観点からの一貫した支援体制において，その存在意義が見出せると思われます。

3 生涯発達支援の視点に立つ特別支援教育

学齢期にあるすべての子どもたちは，その人生のそれぞれの段階において様々な出来事（ライフイベント）に出会います。この出来事を豊かに体験するために発達障害児が必要とする工夫を「支援する主体」は考案していくことになります。「支援する主体」が作成することになる計画を「個別の支援計画」と呼んでいます。この「個別の支援計画」とは，生きる個人に対して総合的な支援をしていくためのツールとしての生涯にわたる支援計画を意味しています。その中で教育機関が中心になって策定する計画を「個別の教育支援計画」と言います。

ここでは特別支援教育において扱われる個別の教育支援計画の機能的意義について生涯発達支援の視点から説明することにします。

（1）個別の教育支援計画の機能的意義

まず，「個別の教育支援計画」とは，対象となる児童・生徒一人一人の教育的ニーズを踏まえ，所属する教育機関が軸になって策定するものです。さらに「個別の教育指導計画」とは「個別の教育支援計画」を踏まえて，学校教育活動の中で具体的に取り組む教育内容を計画していくものです。

この個別の教育支援計画は,「支援する主体」のメッセージといえるものです。個別の教育支援計画を策定する際の最重要ポイントとしては,了解・契約を前提にした情報の公開と具体的な支援(See・Plan・Do／Improvement:評価・策定(計画)・実施／見直し(改善))のプロセスを「支援する主体」と「支援の対象となる児童・生徒やその家族」とが共有することが大切です。また,特別支援教育において児童・生徒の主体的な取り組みを支援していくために,生活や学習上の困難や制約を改善・克服するための適切な教育や指導をどのように実施していきたいかという主体的なメッセージの発信をしていくことが求められ,それに基づき「支援の対象となる児童生徒やその家族」と契約していくことが重要となります。

また,就学における具体的な教育支援計画を作成し運用していく際,支援者にとって必要となる2つの視点があります。その一つは,その支援の対象となる生きる主体の人生のライフコースに焦点をあてた縦断的な視点です。もう一つは,その人生の各発達段階に繰り広げられるライフステージに焦点をあてた横断的な視点です。前者の視点に重きを置いた発達支援としては各ライフステージのスムーズな移行支援があります。一方,後者の視点に重きを置いた発達支援としては他職種との協働による包括的な支援があります。実際に機能する個別の教育支援計画には,この2つの視点が同時に反映されることが重要であるとする認識を有することが「支援する主体」には求められます。

さらに特別支援教育の具体的な活動形態は,個別のアプローチのみによる活動を意味するものではないことを押さえておくことが必要です。特別支援教育は,活動形態に合わせるのではなく,支援す

る内容が効果的に機能する活動形態を考えることが必要です。

　加えてこのような計画策定にあたっては,「機能する情報」を収集することが大切になります。その際, 個人情報の取り扱いには十分配慮することが望まれます。

（2）育つ主体・育む主体への心理的支援

　以上述べてきたように特別支援教育においては, 育つ主体・育む主体への心理的支援が必要不可欠であるといえます。言い換えれば, 支援児と支援者間における心理的支援が必要なのです。具体的には「支援児への心理的支援」「支援者（保護者や関係者等）への心理的支援」「関係性への心理的支援」というそれぞれの視点からの支援が考えられます。さらにその支援が機能するためには機関間連携に対する心理的支援が重要となります。その情報のやりとりを可能にするためには, 心理臨床的な専門性とともにコンサルテーション的な側面から他の理念や価値観に置き換える（翻訳機能）一般性の視点が重要となります。

4　学校における子どもたちの姿

　それでは, 次に具体的な発達障害児の姿を見つめながら, 学校や家庭と連携した支援の在り方を考えてみたいと思います。

（1）事　例
　①自閉症のA君
　A君は小学校3年生です。幼児期は身体の発達は順調で, 知的な

遅れも認められませんでした。保育所に行くことを拒みましたが、家ではお気に入りの本箱の前に座り、好きな恐竜の図鑑を見て安定していました。

　小学校では、時間割や週予定が事前に提供されると安心して学校生活を送ることができます。「対人相互反応」に関しては、クラスの子どもの失敗やルール違反を許すことができず、相手の気持ちを察することなく強い口調で指摘することがあります。学習面では算数や理科は得意ですが、一斉授業の進度とは関係なく自分のペースで進んでいき周囲と合わすことが嫌いです。「言語」に関しては質問されたことには答えますが、友達と会話が続きません。「限定された行動」に関しては、クラスの班行動では、生き物当番を積極的に行っています。しかし、その作業の手順にこだわりが強く、当番の子どもと作業の手順が異なるとトラブルになることがあります。

②注意欠陥／多動性障害のB君

　B君は小学校3年生です。身体や言葉の発達は順調で、人との関係も豊かに育っていました。歩き始めるようになってからじっとしていることがすくなく、目の離せない子どもでした。幼稚園では紙芝居など設定保育の時間は、部屋から出て園庭の遊具で遊ぶことがしばしば見られました。小学校では、「不注意」に関する領域では、体育は好きですが体操服をしばしば忘れます。教師が話しかけてもしばしば聞いていないように見えることがあります。「多動性」「衝動性」に関する領域では、椅子に座っているとき、手や足のどこかが動いている状態で、周囲の子どもたちもその動きが気になるようでした。また、授業中に飛行機の音が聞こえてくるとその刺激に魅入られたように窓辺に飛んで行き、食い入るように外を眺めていま

した。図工の時間では，作業の途中でも「できた」と言ってやめてしまうことがよくあります。友達の制作活動が気になり，手を出してトラブルになることが頻繁にあります。理科の授業は，積極的に発表するのですが，先生の質問を最後まで聞くことなく手を上げてしまうことがあります。正義感が強く友達思いです。友達と遊びたいという気持ちはあるのですが，意見の食い違いでトラブルになることがあります。

　③学習障害のCさん

　Cさんは小学校の3年生です。幼児期の発達は順調でした。幼稚園では，ルールのある遊びは積極的に参加しました。鉄棒や縄跳びなどの器具を用いた運動は少し苦手でした。

　小学校では，「聞く」という領域に関しては，クラス全体に対する教師の指示を聞き取ることが苦手でした。「話す」という領域に関しては，発想は豊かで自分の意見を発表しますが話題がずれることがあります。「読む」という領域に関しては，本を読むとき行を飛ばして読むことがあります。「書く」という領域については，ノートのマス目の中に漢字を書くことが苦手でした。「計算する」という領域では，文章問題では問題を読むと答えがでることがありますが，式を立ててノートに書くのが苦手です。筆算では位どりを間違えることがあります。「推論する」という領域では，物語の主人公の気持ちを推し量ったり，その展開を考えたりすることが苦手です。

*

　3つの診断名の子どもの姿を紹介しました。彼らは，発達障害を専門とする医師の診断を受け，現在も継続的に受診しています。小

学校に入学後,校内で行われている教育相談を経て通常学級に在籍しています。そこで特別支援教育の対象として彼らは,それぞれ「ひきこもり」「学習嫌い」「非行」といった二次的障害に陥らないように「人が好きになること」「自分なりの学び方の発見」「自分と友達が認める活動」をテーマとした個々のニーズに応じた教育的支援を受けています。ここに紹介した子どもを含めた発達障害児が必要とする教育的支援は,教科学習だけではなく,学校生活全般における様々な人とのかかわり方に関する支援も必要です。このような発達障害児に対して,人とのかかわり方を中心とした支援を実施していくには,家族と教師の連携が不可欠です。

(2) 子どもへの支援

発達障害児は,一般的に場面の切り替えや予定の急な変更や予期せぬハプニングなど,自分の予定していない変化に対応するのが苦手です。言い換えれば,自分が取り組む内容がはっきりしていて,そのことに見通しがもてる内容であれば行うことができます。大切なことは日常の生活場面では,突然の変更はできるだけ少なくすることです。もし,変更が必要な場合は,具体的にわかるように事前に伝え,了解をとるようにしてください。また,彼らは,特定の物に固執したり,同じ行動を繰り返したりするなど,一般的に必要とされていないことにこだわりを示す場合があります。このときもっとも大切なことは,それを無理にやめさせようとしないことです。支援者は彼らのこだわる度合いが変化する様子を把握します。そして,その度合いが比較的低いときに彼らにしてほしい行動を提示していきます。つまり,彼らが自分でそのことをやめて機能的な行動

を選択できるように支援していくことが大切です。

(3) 集団づくりへの支援

　友達とのかかわり方について，もっとも大切なことは，人とのかかわりを通して，彼らが人を嫌いにならないことと，集団の中にいたいと思えるようになることです。そのためには友達との遊びを無理強いしたり，嫌なことを強制しないことです。そして，自分の好きな遊びや得意なことを充分させることが重要です。次に，彼らがその活動を始めたときに，参加してくれる友達に声をかけて活動を広げていきます。一方，その活動の中で，彼らが喜んでしようとしている具体的な方法を見つけるようにしていきましょう。そして，そのかかわり方の特徴がつかめてきたら，それに合わせるようにしてください。ある程度，活動が展開できるようになれば，大人はその場から離れるようにし，子ども同士の活動にしていきます。こうした友達と遊ぶことが楽しいという実感を共有した活動を通して，集団の中に自分がいるという存在感や友達に認められている肯定感を育んでいくことが大切です。

(4) 教師との協働

　このように彼らが取り組みたいと思う活動であればあるほど，自分の思い通りにならない状況が生じるとその場から飛び出したり，友達に暴言を浴びせたり，危害を加えるというケースがあります。このような行動が日常的になると集団活動に参加することが困難になり，二次的障害を引き起こす要因になります。このような子どものセルフ・コントロールに関する支援では，彼らの持てる能力を活

かしつつ，自分の感情や行動のコントロールができるような工夫に関して家族と教師が連携して取り組むことが効果的です。そのためには，まず家族と教師が協働して彼らにその支援の必要性を説明するとともに，彼らにとって無理のない範囲で，不適切な行動の制限や禁止をしていく場合があります。また，家族や教師が彼らに制限や禁止を行った際，彼らが「やってしまった」と感じていることが支援者に感じ取れたときは「そうだね」と追認していきます。つまり，本人にとって制限や禁止の対象となる行動が，彼らにとって必然性のある行動と認めながらも，集団参加をしていく上で，必要な支援であると彼らに認識させることが大切です。コントロールが困難な場合，「場所を変える」，「相手を遠ざける」など物理的な距離をとることが有効な場合があります。そして落ち着いたときに，そのときの彼らの行動や感情を確認していきます。その後，同じような状況になりそうになったときの「別の手立て」を支援者と話し合っていけるよう，家庭と教師が協働して教育的支援を行っていくことが重要です。

5　コミュニケーション機能への援助

　発達障害児が集団活動に参加していく上で，なくてはならない機能の一つに人との関係，とくに心の交流が挙げられます。ここでは，発達障害の特性を見つめつつ，生活の中で情報をやりとりしていきながら心を通わせていく際に必要となる対人援助の手立てについて述べてみます。

第13章　発達障害と特別支援教育

（1）見通しを共有する

　発達障害児の特性として，場面の切り替えや予定の急な変更や予期せぬハプニングなど，自分の了解していない変化に対処することを苦手とするケースがあります。しかし，自分が今取り組む内容がはっきりしていて，その内容ができる見通しをもてれば，何事もなくすみやかに行うことができます。ですから日常の生活場面では，突然の変更はできるだけ少なくするようにしましょう。もし，変更が必要になった場合は，具体的にわかるように事前に伝え，了解をとるようにしていきましょう。しかし，その変更が意識できるようになると，その変更が気になりすぎて本来することができなくなる場合があります。ですから変更の意味がとれるようになってきたら，あまり変更を強調するのではなく，端的に伝えるように努めましょう。

　一方，具体的に何もすることがなく，自由に過ごせる時間では，とても戸惑ってしまったり，自分の世界に没頭してしまい，外界とかかわらないでその世界で短絡的に楽しんでしまったりすることがよく見られます。出先の活動で緊張したり，興奮したりした後，帰ってきてほっとするために，一時，自分の世界に入ることは認めていく必要がありますが，それでもその時間が果てしなく続いてしまうことは避けたいものです。ですから自分の世界に入る時間や活動も日課として明らかにしながら区切っていくようにしましょう。

（2）人との心の交流

　会話をしようとすると一方的な言い回しをしたり，状況に不釣り合いな大きな声で話をするなど，人との付き合い方がぎこちなかっ

たり，極端に自己中心的になります。けれども多くの場合，彼等は『人間は，人とかかわるもの』と，言葉では理解しています。ですから，友達と遊びたいと思ったり，集団に入っていこうとしたりします。しかし，感覚的なスキンシップを手段とした交流がとても苦手であったり，そのやりとりの中で自分のとる役割がうまくとれなかったりします。このようなうまくいかないという事実だけは理解できるため，人知れず心が傷ついていることがあります。

　人とのかかわり方への援助をしていく場合，家庭の中でもっとも大切にしてほしいことは，このような人とのかかわりを通して，彼等が人を嫌いにならないことと，集団の中にいたいと思えることです。具体的な援助としては，やりとりの中で，彼等が試みようとしている人との間合いの取り方をキャッチしましょう。その間合いの取り方の特徴がつかめてきたらかかわる側がその間合いの取り方に合わせるようにしてみましょう。さらにその状況の中で，本人ができる合わせ方が見いだせれば，その手立てを具体的に伝えていくようにしていきましょう。

　次に心の交流では，相手の感情の読み取りをとても苦手とするケースがあります。このような場合，まず私たちがいつも感覚で知ることを言葉で伝えていくことで理解しやすくなります。また，状況に応じた感情を表現するのも苦手です。まずはいろいろな状況に結びついた感情の表現方法をモデルとして提示していきましょう。身につけてほしいスキルについては，一つの状況には，一つの具体的な対応として意味づけた行動を示していきましょう。さらにその状況に含まれた相手の意図を読み取るのもとても苦手です。ですから，冗談や例え話が通じません。意図の理解を促す援助としては，

その状況では何が望まれているのか、また、何をどれ位してほしいか具体的に伝えていきましょう。こちらの意図を理解して、意図に添った行動をしようとしているときには、さりげなく励ますことを忘れないようします。また、家族から期待されている行動ができたら、必ず態度や言葉でうれしい気持ちを伝えるようにしましょう。彼等が自分の置かれている状況の中で家族が望む「望ましい行動」をすることで安心できるようにしていきましょう。

　このように心の交流を促していくには、彼等が今、その状況において、具体的に必要としている援助が、質的にも量的にも適切に提供され続けていくことが必要なのです。

（3）興味の広がり

　彼等は日常あまり家族が必要としていない事柄に強い興味をもつ場合があります。そのときに用いられる思考の回転の速さやその展開は独特で、家族が共感するにはとても大きな努力が必要となります。また、その知識を基に発展的にイメージを広げたり、新しいものを創造したり、他者の意見を助けとして生かすことがとても困難です。

　このような生活に一見、生かせそうもないものを集めたり、その場に馴染みにくい質問や話題を一方的に何度も繰り返すことは、生活をともにするものとしてはとても理解しにくいことです。しかし、興味を広げるための援助としては、彼等が興味をもっていることがらを固執という問題行動としてとらえるのではなくて、まずはそのものに興味をもってみましょう。そして、どうして彼らがそれに興味をもつのか見つめてみましょう。ここで大切なのは答えらしきも

のを無理に見つけだそうとしないことです。まずは、そのことに積極的な関心をもちつづけることが重要なのです。そのことがしたくてたまらなくなるときやその状況について、話し合うのも有効な手立ての一つだと言えます。

次に、彼等が興味をもつことのできる時間を日課の中につくるようにしていきます。さらに、生活場面でその興味のあることを巧みに用いるようにしていきながら、その活動の中で彼等に求めるものを具体的に示していき、家庭生活に必要な機能を身につけるように工夫していきましょう。このような体験を積み重ねていくことで、まだ知らない日常の様々な事柄を知りたいと思う気持ちをもてるようにしていきましょう。

（4）生活の中で活動している自分に注目する

今することに集中しないことがあります。生活環境や取り巻く状況が影響して集中できない場合は、その要因になっているものを整理するようにしましょう。自分自身の心の声にとらわれてしまって実際に行う行動が手につかないこともあります。まさに彼の世界とこちらの世界との心の綱引きです。このような状態では、目的に添った行動をしているときでも、気づくとあらぬ方向に視線を向けたり、行動そのものが止まってしまったりします。そのようなときには、さりげない方法で呼び戻していきましょう。目的に添った行動がとれていても、あまり長い時間実施するとこのような状態が見られることがあります。そのような場合は、活動にショートゴールを設けるようにして、日常生活の中で生産性や達成感を家族でともに感じながら、活動している間、集中した状態が保てたという実感を

もてるようにしていきましょう。

家庭でこのような姿を目にした保護者の方から「てんかんでしょうか？」と質問されることがあります。もし保護者の方が医学的な視点からのアドバイスを求めたいと考えられるときには、その状態と状況や回数など具体的な情報を集めて、発達障害を診てもらっている医師に相談するようにしましょう。

（5）柔軟性を育む援助

彼等の心はナイーブでシャイであるため、状況に応じた弾力的な対応が非常に困難な場合があります。また環境から感じた様々なストレスを人とのかかわりの中で発散することが難しく、ストレスがたまりやすくなります。その状態がストレスだと理解していなかったり、ストレスがたまっていることに気づいていなかったりすることもあります。また、同様に生活の中で芽生えた恐怖心や不安感に気づかないこともあります。さらにそのような感情の表現を苦手とするケースは少なくありません。そのため、生活をともにしていてもそのような状態であることに気づきにくく、あるとき突然、極端に落ち込んでいる彼等に直面したりします。このような状態を幾度か経験すると、自意識が強いためにかえって自己評価が低下してしまったり、家族の中で疎外感を感じたりすることがあります。このように、日常生活で当たり前に要求されることで押しつぶされそうになっていることがよくあるのです。

また、彼等も家庭生活の中で、自分の行動の規範となる心のルールブックをつくっていきます。しかし、そのルールブックに載っている事柄を評価する物差しは、修正がとても難しく厳格なものです。

V 特別支援臨床領域

この物差しは，自分流の物差しで他者の行動を評価するときにも一方的に用いられます。彼等が自分の物差しを使って，その状況にそぐわないことが生じたときには，どうしてその物差しを使ったのか話し合っていきましょう。自分の置かれている状況と自分の認識との違いに気づくために，他の言葉に置き換えて整理していくようにします。こうして状況に対応した言葉を増やしたり，整理したりすることで，彼等の評価の物差しの目盛りを増やしていく形で，思考や対応に柔軟性をもたせるように育んでいきましょう。

*

以上，学齢期における特別支援教育の取り組みを通して実践される発達支援について述べてきました。このように発達障害児に対する支援は，個々のパーソナリティ，認知特性，発達障害の特性などの情報を包括的に踏まえて実践していくことが求められます。

引用・参考文献

菅原伸康（編著） 2011 特別支援教育を学ぶ人へ ミネルヴァ書房
友久久雄（編著） 2005 特別支援教育のための発達障害入門 ミネルヴァ書房
山崎晃資 2006 特別支援教育に求められるもの──軽度発達障害の子どもたちとのかかわり 精神療法, **32**（1）, 3-8.

第14章
支援から共生へ

小正浩徳

　国は「国民一人一人が豊かな人間性を育み生きる力を身に付けていくとともに，国民皆で子どもや若者を育成・支援し，年齢や障害の有無等にかかわりなく安全に安心して暮らせる『共生社会』を実現することが必要」（内閣府ホームページ http://www8.cao.go.jp/souki/index.html より）として，種々の政策を行っています。

　いま国が目指している「共生社会」とはどのようなものなのか，特別支援教育という視点から見ていきたいと思います。

1　特別支援教育における「共生社会」

（1）障がい者制度改革推進会議の議論

　障害者の権利に関する条約が，2006年第61回国連総会において採択されました。それをうけて，わが国では2009年に，内閣総理大臣を本部長とし，文部科学大臣も含め全閣僚で構成される「障がい者制度改革推進本部」が設置されました。同本部の下に，障害者施策の推進に関する事項について意見を求めるために「障がい者制度改革推進会議」が設置され，2010年6月7日，同会議による第一次意見が取りまとめられたのです。

　教育分野では，次の2点が示されました。

Ⅴ　特別支援臨床領域

①障害のある子どもが障害のない子どもと共に教育を受けるという障害者権利条約のインクルーシブ教育システム構築の理念を踏まえ，体制面，財政面も含めた教育制度の在り方について，平成22年度内に障害者基本法の改正にもかかわる制度改革の基本的方向性についての結論を得るべく検討を行う。

②手話・点字等による教育，発達障害，知的障害等の子どもの特性に応じた教育を実現するため，手話に通じたろう者を含む教員や点字に通じた視覚障害者を含む教員等の確保や，教員の専門性向上のための具体的方策の検討の在り方について，平成24年内を目途にその基本的方向性についての結論を得る。

(2) 特別支援教育のあり方に関する特別委員会の議論

その後，中央教育審議会初等中等教育分科会の下に「特別支援教育のあり方に関する特別委員会」（以下特別委員会）が設置され，そこでの議論などを踏まえて，2011年には障害者基本法が改正され，第16条が，以下のように改正されました。

　（教育）

　第十六条　国及び地方公共団体は，障害者が，その年齢及び能力に応じ，かつ，その特性を踏まえた十分な教育が受けられるようにするため，可能な限り障害者である児童及び生徒が障害者でない児童及び生徒と共に教育を受けられるよう配慮しつつ，教育の内容及び方法の改善及び充実を図る等必要な施策を講じなければならない。

　2　国及び地方公共団体は，前項の目的を達成するため，障害者である児童及び生徒並びにその保護者に対し十分な情報の提

供を行うとともに、可能な限りその意向を尊重しなければならない。

3　国及び地方公共団体は、障害者である児童及び生徒と障害者でない児童及び生徒との交流及び共同学習を積極的に進めることによって、その相互理解を促進しなければならない。

4　国及び地方公共団体は、障害者の教育に関し、調査及び研究並びに人材の確保及び資質の向上、適切な教材等の提供、学校施設の整備その他の環境の整備を促進しなければならない。

さらに特別委員会において検討が行われ、2012年に「共生社会の形成に向けたインクルーシブ教育システム構築のための特別支援教育の推進（報告）」（以下、報告）が出されました。特別委員会では、この報告について「共生社会の形成に向けたインクルーシブ教育システム構築のための特別支援教育が着実に推進されることで、障害のある子どもにも、障害があることが周囲から認識されていないものの学習上又は生活上の困難のある子どもにも、更にはすべての子どもにとっても、良い効果をもたらすことを強く期待」すると述べたのです。これにより、特別支援教育のあり方の指針が定められました。

このように、わが国での特別支援教育のあり方について、この報告と、先の第61回国連総会で採択された障害者の権利に関する条約が影響を与えているのです。

そこで、次に「共生社会」「インクルーシブ教育」について報告をもとに見てみたいと思います。

Ⅴ　特別支援臨床領域

2　「共生社会」とは

　報告では，まず共生社会の形成に向けて提言を行っています。
　そこでは，「『共生社会』とは，これまで必ずしも十分に社会参加できるような環境になかった障害者等が，積極的に参加・貢献していくことができる社会である。それは，誰もが相互に人格と個性を尊重し支え合い，人々の多様な在り方を相互に認め合える全員参加型の社会である。このような社会を目指すことは，我が国において最も積極的に取り組むべき重要な課題である。」と述べています。このことから，これまでのわが国では障害者の方々の社会参加は十分ではなかったことを踏まえて，健常者，障害者等の分け隔てなく皆が参加する社会（つまり，これが「共生社会」の形になります）をつくりだすべく，取り組んでいくことが言われています。
　そのために必要なこととして，「インクルーシブ教育システム」を挙げています。

3　「インクルーシブ教育システム」とは

　報告では，障害者の権利に関する条約第24条から，この「インクルーシブ教育システム」の重要性を説いています。
　　「インクルーシブ教育システム」(inclusive education system, 署名時仮訳：包容する教育制度) とは，人間の多様性の尊重等の強化，障害者が精神的及び身体的な能力等を可能な最大限度まで発達させ，自由な社会に効果的に参加することを可能とする

との目的の下，障害のある者と障害のない者が共に学ぶ仕組みであり，障害のある者が「general education system」（署名時仮訳：教育制度一般）から排除されないこと，自己の生活する地域において初等中等教育の機会が与えられること，個人に必要な「合理的配慮」が提供される等が必要とされている。

　共生社会の形成に向けて，障害者の権利に関する条約に基づくインクルーシブ教育システムの理念が重要であり，その構築のため，特別支援教育を着実に進めていく必要がある」

このように，「障害のある者と障害のない者が共に学ぶ仕組み」を必要としているのですが，これまでのわが国でも障害のある者とない者がともに学ぶ機会はつくられてきていました。

では，従来のものと，このインクルーシブ教育システムとの違いは何なのでしょうか。松下（2012）の指摘もふまえてみていきましょう。

報告ではこの後に次のように続いています。

　インクルーシブ教育システムにおいては，同じ場で共に学ぶことを追求するとともに，個別の教育的ニーズのある幼児児童生徒に対して，自立と社会参加を見据えて，その時点で教育的ニーズに最も的確に応える指導を提供できる，多様で柔軟な仕組みを整備することが重要である。小・中学校における通常の学級，通級による指導，特別支援学級，特別支援学校といった，連続性のある『多様な学びの場』を用意しておくことが必要である。

　特別支援教育は，共生社会の形成に向けて，インクルーシブ教育システム構築のために必要不可欠なものである。そのため，

V 特別支援臨床領域

　以下の○1から○3までの考え方に基づき，特別支援教育を発展させていくことが必要である。このような形で特別支援教育を推進していくことは，子ども一人一人の教育的ニーズを把握し，適切な指導及び必要な支援を行うものであり，この観点から教育を進めていくことにより，障害のある子どもにも，障害があることが周囲から認識されていないものの学習上又は生活上の困難のある子どもにも，更にはすべての子どもにとっても，良い効果をもたらすことができるものと考えられる。

　○1　障害のある子どもが，その能力や可能性を最大限に伸ばし，自立し社会参加することができるよう，医療，保健，福祉，労働等との連携を強化し，社会全体の様々な機能を活用して，十分な教育が受けられるよう，障害のある子どもの教育の充実を図ることが重要である。

　○2　障害のある子どもが，地域社会の中で積極的に活動し，その一員として豊かに生きることができるよう，地域の同世代の子どもや人々の交流等を通して，地域での生活基盤を形成することが求められている。このため，可能な限り共に学ぶことができるよう配慮することが重要である。

　○3　特別支援教育に関連して，障害者理解を推進することにより，周囲の人々が，障害のある人や子どもと共に学び合い生きる中で，公平性を確保しつつ社会の構成員としての基礎を作っていくことが重要である。次代を担う子どもに対し，学校において，これを率先して進めていくことは，インクルーシブな社会の構築につながる。

　ここでまず考えることは「インクルーシブ (inclusive)」の意味で

す。邦訳すると「包括する」という意味になります。それまでの特別支援教育では、障害のない子どもたちの中に障害のある子どもたちを合流させようというものでした。これを「インテグレーション（integration）教育」といいます。これに対して「インクルーシブ教育」では「子ども一人一人の教育的ニーズを把握し、適切な指導及び必要な支援を行う」とあるように、子ども一人一人がユニークな存在であり、そして一人一人違うことを当然とした前提の中で、教育を行うシステムだということです。すなわち、片方の枠組みの中にもう片方をいれこむのではなく、すべてを包括した新しい枠組みの中での教育を行おうというものなのです。

そのためには、学校教育においては次のような視点が必要となります。それは「障害のある子どもと障害のない子どもが、できるだけ同じ場で共に学ぶことを目指すべきである。その場合には、それぞれの子どもが、授業内容が分かり学習活動に参加している実感・達成感を持ちながら、充実した時間を過ごしつつ、生きる力を身に付けていけるかどうか、これが最も本質的な視点であり、そのための環境整備が必要」という報告の提言が示していることです。

4　支援から共生へ

このような「共生社会」、「インクルーシブ教育システム」が言われるようになったことについては、障害観が変わったということが基になっています。

障害者の権利に関する条約の前文において、「障害が、発展する概念であり、並びに障害者と障害者に対する態度及び環境による障

V　特別支援臨床領域

壁との間の相互作用であって,障害者が他の者と平等に社会に完全かつ効果的に参加することを妨げるものによって生ずることを認める」とあるように,障害者に対する態度と環境との間の相互作用,すなわち私たち社会が「障壁」をつくり,障害者を障害者たらしめているということを述べているのです。これを障害観の「社会モデル」といいます。これは,「様々な困難があるのは障害があるためにであり,その障害をもつ者が努力して克服すべき」という考え方である「個人モデル(または医療モデル)」と相対するものです。「個人モデル」では障害を治療や障害のある人が努力してその障害を解決することを周りの人たちが「支援」していくという発想になります。「社会モデル」に立つと,障壁となる社会のあり方を変えていく,つまりそこに存在する多様な人々すべてをありのままに認める社会を構成していこう,皆が一緒に生活する「共生社会」をつくろうという発想になるのです。

そのためには,そこに生活するすべての人たちの自尊感情を大切にすることから始まります。特別扱いをするのではなく,個々のユニークさに合わせたあり方を皆で摸索するというものなのです。

*

この第Ⅴ部では特別支援臨床領域における対人援助のあり方について,特別支援教育の視点から整理し見つめてきました。読者の皆さんが,学校や地域コミュニティにおいて実践されている学習支援,発達支援や子育て支援の様々な取り組みに主体的に参加していき,実りある実習を展開していくことを期待しています。

第14章　支援から共生へ

引用・参考文献

前原武子（編）　2008　発達支援のための生涯発達心理学　ナカニシヤ出版

松下一世　2012　課題のある子どもを支援する学校の役割　池田行伸・藤田一郎・園田貴章（編）　子どもの発達と支援　ナカニシヤ出版　pp. 177-190.

文部科学省　2012　共生社会の形成に向けたインクルーシブ教育システム構築のための特別支援教育の推進（報告）

# VI ビハーラ領域

皆さんは，ビハーラという言葉を聞いたことがありますか。恐らく多くの人ははじめて聞く言葉だと思います。そこでここでは，ビハーラとは何なのか，何故ビハーラが必要なのかを順を追って説明したいと思います。

　私たち人間は悩みを持ちながら毎日の生活を送っています。もし悩みがないとしたら，それは人間を放棄した姿で，人間以外の動物と同じ次元だということになります。人間は，将来を見通し，よりよく生きようと考えるがゆえに，不安が生じ悩みを持つわけです。そしてこの悩みを如何に解決していくかが，我々人間の精神性を発達させてきた原動力だといえます。臨床心理学の一分野にこの人間の悩みの解決のお手伝いをする役割があることはご存知だと思います。

　現在では医学の進歩により，多くの病気が治療できるようになりました。しかしいくら医学が進歩しても，人は必ず死を迎えます。この死の不安や悩みは医学では解決できません。ビハーラというのは，ターミナルケア（終末期医療）において，死の臨床に仏教を背景としたかかわりを実践していこうという思いから始まりました。

　この第Ⅵ部では，「ビハーラ領域」と題して，ビハーラの背景である仏教について述べるとともに，ビハーラの歴史およびカウンセリングとビハーラの接点について説明したいと思います。

第15章

ビハーラの原点

友久久雄

1 なぜビハーラか

人と動物はどこが違うのでしょうか。二本足で歩き言葉を喋るだけが人間でしょうか。

たしかにそうですが，もう少し考えてみましょう。ここで話題としたいのは，人は動物と違って，将来のことを考えたり不安が起きると悩むということです。

この「悩み」は，大きく日常生活における悩みと，自分の死に対する悩みに分けることができます。前者は私たちが人と人との間で生活していることにより生じる悩みであり，後者は人として生まれたことによる悩みです。

日常生活における悩みの内容はそれぞれの個人により異なるため，悩みを持つ人がその原因に気づき，自分の考えや行動を変革することにより解決することができます。この人の悩みを解決するために，相談を受けたり手助けをするのが臨床心理学の大きな役割です。

これに対して，自分の死に対する不安や悩みは，自分の力ではどうすることもできません。もっといえば，人間の知恵や能力ではいかんともし難いことです。それ故，この自分の死に対する不安や悩

Ⅵ　ビハーラ領域

みを解決するためには、人間の能力を超えた能力に頼るしか方法はありません。この人間の能力を超えた能力を私たちは、神とか仏とか呼んでいます。

ビハーラ（Vihāra）という用語は、古代インドにおいて仏教経典の記録などに使用されたサンスクリット語でそれは「僧院」「身心の安らぎ」などを意味します。これは、第16章のビハーラの始まりについての解説で述べられているごとく「仏教を背景としたターミナル・ケア（終末期医療）」に対して用いられた呼称です。はじめてこの語を用いた田宮仁（まさし）（1988）は、「ホスピスがキリスト教と深くかかわる言葉であることから、仏教ホスピスという木に竹を継ぐような違和感をさけ、ホスピスという言葉の尊重と同時に、仏教の主体性を表明するために「ビハーラ」という呼称の提唱に及んだわけである」と述べています。

このようにビハーラというのは、「仏教を背景としたターミナル・ケア」という意味であり、ビハーラを理解するためには、仏教とターミナル・ケアを知る必要があります。そこでここでは、「仏教」と「ターミナル・ケア」について説明したいと思います。

2　仏　教

仏教というのは「仏の教え」という意味です。仏というのは釈迦（牟尼仏）のことであり、真理に目覚めた者という意味でブッダ（覚者）とも呼ばれ、また如来（釈迦如来）とも呼ばれます。

仏教を理解するためには、釈迦が何に悩みどのように真理に目覚めたかを知ることがもっともわかりやすい方法なので、釈迦の生涯

についてみてみたいと思います。

3 釈迦の歩んだ道

(1) 誕　　生

　釈迦は今からおよそ2,500年前に，古代インドの釈迦族の王子として生まれました。父王は彼の誕生をたいへん喜び，慈しみ大切に育てました。それ故，彼はなに不自由のない生活を送っていました。

(2) 命のはかなさ

　しかしあるとき，父王と農耕祭に出席したとき，次のような光景を見ました。それは，小さな虫が地面に現れたかと思うと，一羽の小鳥がそれをついばみました。すると見る間もなくそれよりも大きな鳥が現われ，その小鳥を襲って食べました。これを見た釈迦は，命のはかなさを思うとともに，何故生き物は死ななければならないかを思い悩むようになりました。同時に，自分の生きていく意義を考え塞ぎ込んでしまいました。

　心配した父王は釈迦に結婚することを勧めました。

(3) 息子ラーフラ

　まもなく釈迦には一人の男の子が生まれました。父王は孫に男子が生まれたことを非常に喜びました。

　しかし釈迦はその子にラーフラ（羅睺羅）という名前をつけました。このラーフラというのは，日蝕や月蝕など不吉な兆候を表す意味です。釈迦は，子どもへの愛情は，ときには親の正しい見方や判

断を誤らせることがあると見抜いていたのです。

(4) 四門出遊

あるとき釈迦が城の東門より外へ出ると老人に出会い、南門より出ると病人に出会い、西門より出ると死者の葬儀に出会いました。この人が老い、病気となり死んでいく姿を見るたびに釈迦は、「人は必ずこうなる」と悩むようになりました。そして北門より出ると、この世の悩みを根本的に解決するための修行をしている僧に出会いました。

その姿を見た釈迦は、自らも悩みを解決するため出家することを決意しました。

(5) 修　　行

出家した釈迦は、きわめて過酷な苦行を6年間続けましたが、悟ることはできませんでした。そこで釈迦は苦行を止め、川で身を清め、村娘スジャータ（善生）の差し出す乳粥の供養を受け、静かに深い瞑想に入りました。

(6) 悟　　り

そして、ついに釈迦は35歳のとき悟りの境地に達しました。それは、真実の自己に目覚め、最高の心の安らぎとともに生老病死の悩みが解決された瞬間でした。しかしこの悟りの境地は、あまりにも崇高なため、人に説明しても理解され難いことなので、釈迦は最初だれにもその境地を語ろうとしませんでした。

（7） 梵天勧請

　しかしそのことを知った，バラモン教の最高の神ブラフマン（梵天）は，この世のすべての人々のために釈迦にその教えを説くように繰り返し懇願しました。最初は拒否していた釈迦も，ついにその教えを人々のために説くことを決意しました。

（8） 初転法輪

　釈迦のはじめての説法を初転法輪といいます。その意味は，はじめての法輪すなわち法（仏教）の輪（教え）を転じる（回す）という意味です。その内容は，次節の「釈迦の教え」で述べる，中道と四諦八正道だとされます。

（9） 入　　滅

　その後釈迦は80歳で入滅（死亡）するまでの45年間，インドの各地で説法をし，人々の悩みに応えたのです。

　その説法は，釈迦の死後お経として編纂され，現在の我々を導く礎になっています。釈迦は，悩む人々に対して時と場所を選ばず，以下のような方法で説きました。

　その一つは，対機説法といわれ，人々（機）に対して，悩みの内容や能力に応じて説明の方法を変えわかりやすく説きました。またもう一つの特徴は，応病与薬といわれ，医者が患者の病に応じて薬を調合するように，人々の悩みに応じて教えの内容を説きました。

　この対機説法と応病与薬の態度は，我々臨床心理学を専攻するものにとって，学ばなければならない人への対応についての，大切な基本になる方法と思います。

4 釈迦の教え

(1) 中　　道

釈迦は,はじめての説法を鹿野苑という所で,かつて一緒に修行していた5人の僧に説きました。

その内容は「中道」といわれるもので,釈迦の修行の経験から得られたものです。それは真理の道を極めるためには,苦業を強いたり快楽を求めたりすることではなく,極端を廃し中道を歩めというものでした。

そしてその具体的な内容は,次に示す四諦八正道ということです。

(2) 四諦八正道

四諦(四聖諦)の諦は,真理を諦(あき)らかにするとか,つまびらかにするという意味です。そして四諦というのはそれが四つあるということです。八正道というのは,そのために必要な八つの正しい道という意味です。

まず四つの真理を諦らかにする教えとは,

①医者が,病気の症状から病名を考えるように,我々の世界を正しく見ると,思いどおりにならないことばかりの苦の世界であるという苦諦。

②病気の原因を考えるように苦の原因を正しく考えると,人々の欲望や執着が集まってその原因になっているという集諦(じったい)。

③病気の原因を取り除くことが治療であるように,苦の原因である欲望を正しく滅し取り除く滅諦。

④病気の原因を取り除く治療方法と同じように，苦の原因を滅する具体的な正しい方法は，次の八つの正しい道であるという道諦。

そして八つの正しい道とは，正見（正しい見解），正思惟（正しい決意），正語（正しい言葉），正業（正しい行為），正命（正しい生活），正精進（正しい努力），正念（正しい思念），正定（正しい瞑想）のことです。

5　仏教の原理

(1) 三法印（四法印）

その後釈迦は，45年間仏の教えを説きました。その中で仏教の根本原理を，三法印といいます。

法印というのは，仏教の基本となる教えという意味です。具体的には

①万物は常に変化して少しの間も停(とど)まらないという諸行無常。

②いかなる存在も永遠不変の実体を有しないという諸法無我。

③欲望や執着（煩悩）を断じた悟りの世界は，心の静まった安らぎの境地であるという涅槃寂静。

これらに，この世のことはすべて苦であるという一切皆苦を含め四法印ともいわれます。

(2) 縁起の理法

この他，仏教の中心思想として，一切のことは，縁（条件）が寄り集まって起こるという縁起の理法や事実を事実としてあるがままにものごとを見るという如実知見があります。

(3) 転迷開悟

このように釈迦は，悟りの道に至る自分の経験をあるがままに中道と示し，四諦八正道と説きました。それ故，仏教は，奇跡を起こしたり何か特別のことを説いた教えではありません。

仏の教えというのは，この世の中の真理を釈迦の正しい目（仏の目）で見たことを述べただけです。たとえば，苦諦についていえば，四苦八苦とよくいわれますが，私たちは自分の欲望や執着でもって自分の都合のよいことを幸福とか幸せと思っています。しかしそれは永遠のものではありません（諸行無常）。それ故，結局はそれが苦しみや悩みとなる（一切皆苦）と見抜かれたわけです。

すなわち仏の教えは「転迷開悟」といって人々の迷いを転じて悟りを開く考えです。それは真実を知らない迷いの世界からありのままの真実を知った安らぎの世界への転換です。釈迦に続いて，親鸞聖人もこの真実の道を歩んだのです。

ビハーラの意義は，この真実の道である仏の教えを背景としたターミナル・ケアを実践することにあるわけです。

6　ターミナル・ケア

ターミナル・ケア（terminal care）という用語は，広辞苑（第6版）には，「回復の見込みのない疾患の末期に，苦痛を軽減し，精神的な平安を支えるように施される医療・介護。終末医療。」とあります。

ターミナルというのはもともと「鉄道・バスなどの終点。終着駅。また，多くの交通機関・路線が集中する所。」という意味です。ま

たケアというのは,「①介護。世話。②手入れ。」という意味で,ターミナル・ケアは,「終末期医療」とか「終末期介護」とか訳され,ときには「死の臨床」とも訳されます。

いずれにしろ,人が終末期になり死の臨床となったとき,その人の肉体的な苦痛を取り除くとともに,精神的な安寧が得られるようなかかわりをすることが,残された者に与えられた使命といわなければなりません。

(1) 心のふれあい

かつて人々は家庭で死を迎え,家族や知人に看守られて亡くなりました。しかし今や,ほとんどの人が病院や施設で亡くなるようになりました。そのため心やすらかに死を迎えることが少なくなり,ともすれば淋しい孤独な死を迎えることが多くなっています。それ故,現在は医療や介護にかかわる人はもちろん,それ以外の人にもターミナル・ケアにおける心のふれあいを中心としたかかわりが求められるようになってきています。

たとえば,「無益な延命治療をしないで,自然の過程で心やすらかに死にゆく人を見守る「看取り」ケアなどがあります。

(2) 緩和ケア

ターミナルにある人の痛みは,肉体的,心理的(精神的),社会的,宗教的痛みに大きく分けられます。肉体的痛みに対しては医師が,心理的痛みに対しては心理士が,社会的痛みに対しては家族や友人が,宗教的痛みに対しては宗教家がその緩和の中心となります。そして,それぞれが単独でかかわるのではなく,チームを組んでか

かわる必要があります。というのは，これらの痛みは，相互に関連しているものであり，けっして単独で生じるものではないからです。

また，苦しみを予防し，和らげることで，QOLを改善するアプローチとして「緩和ケア」があります（第17章参照）。

（3）心の安寧

ビハーラは，これらターミナルにある人の「心の安寧」を求めて始まったものですが，現在ではターミナル・ケアだけでなく，高齢者や障害者，子どもなど「心のケア」を求めている人を対象に活動が広まっています。

しかしあくまでもビハーラの原点は，ターミナル・ケアから始まったものであり，ターミナルといえば「死」の問題を抜きに語ることはできません。そこでここでは，「死の臨床」について学んでいきたいと思います。

7　死の臨床

人は生まれたからには「必ず死ぬ」ということは誰もが知っています。

そして死は，大きく2種類に分類できます。一つは肉体的な死です。これを医学的な死といいます。もう一つは，精神的な死です。これを心理的な死，すなわち心の死といってもよいと思います。

（1）肉体の死

肉体的な死は，客観的な死であり誰が見てもはっきりしています。

すなわち死の3徴候である，呼吸停止，心拍停止，瞳孔散大（対光反射消失）が確認されるときです。これは従来，心臓死として広く死の判定に用いられていました。

しかし1992年「臨時脳死及び臓器移植調査委員会」が脳死をもって人の死を認めるという見解を出して以来，脳死も人の死と認められるようになりました。しかしこの脳死は，脳死と判定された人の臓器移植をする場合に限り認められます。それ故，臓器移植をしない一般の人の死は心臓死しか認められていません。

(2) 心 の 死

それでは，心理的な死をどのように捉えればよいのでしょうか。これには，肉体的な死のように，はっきりした定義はありません。

心理的にいえば，死は人生最後のものであり，人におけるもっとも重大なものの喪失といえます。それ故，人の死は本人だけでなく家族や知人にも，心理的に大きな喪失感をもたらします。

(3) 心理的ケア

ターミナルにおける，心理的ケアで大切なことは，まずターミナルにある人の願いや思いをしっかりと受けとめることです。そしてその思いにより添い，心の安寧を図るための手助けをすることです。そのためには，家族や医療スタッフ，介護士，宗教家などとチームを組むことが必要です。

心理的なケアには，ターミナル・ケアにある本人だけでなく，本人が亡くなった後の，遺族のグリーフカウンセリング（悲嘆カウンセリング）やグリーフワーク（悲嘆の仕事）などもあります。また

デスエデュケーション（死の準備教育）も臨床心理学を学ぶものにとっての仕事としては大切なこととなります。

（4）死の心理学

ターミナルに至る心理的な段階を，キューブラー・ロス（Kübler-Ross, E., 1969）は癌患者の調査から次のような5段階に分けています。

第一段階　否認：自分の病名を告知されたとき，その病気を否定しようとする否認の段階。

第二段階　怒り：否認の時期が過ぎると，何故自分だけが病気にならなければならないのかと怒りや恨みなどの感情が起こる怒りの段階。

第三段階　取り引き：どうしても病気が治らないということがわかると，もし治るならなんでもすると神や仏などと取り引きをする段階。

第四段階　抑うつ：治療の副作用や体力の衰えからくる身体的変化や心理的絶望感によるうつ状態が強くなる抑うつ段階。

第五段階　受容：死が近づいて，避けられないことであると実感するようになり，死をあるがままに受け入れる受容の段階。キューブラー・ロスは，病気の苦悩や死の不安に耐えてきたものがこの段階に至るとしています。

しかし，ターミナルが近づいても，第五段階の死の受容ができる人ばかりではありません。否むしろ死の受容ができていない人の方が多いといわざるを得ません。

（5）ターミナルの人への対応

　それでは，ターミナルの人（以下患者という）にどのようなかかわりが必要になるのでしょうか。

　具体的には，患者さんには次の3つの対応が必要だとされます。

　①痛みやだるさなど身体面に対する対応

　これに対しては，まず痛みやだるさなどの症状を軽減することです。この対応は医師が中心となることですが，医師以外の人にできることがあります。まず患者さんの痛みやだるさが医師に正しく伝わっているかどうかということの確認です。このことをしっかり把握し，医師や看護師に本人の痛みや悩みをしっかり伝えることが大切です。このことが患者さんとの心のつながりと信頼関係を培う上で大切なことになります。

　②死への不安など心理面に対する対応

　患者さんにとっては，死の不安は漠然としたものではなく，明確な死への恐怖といってもよいと思います。それ故，原則として患者さんから死の不安や恐怖が訴えられない限り，聞く側から死の問題には触れない方がよいと思います。宗教者でない限り，死の問題に対して応えることはできません。

　それ故，私たちにできることは，死の不安や恐怖が話されたときには，相手の不安や恐怖の感情を，心を込めて聞くということです。いわゆるロジャーズの非指示的療法（カウンセリング）でいう，受容と共感でもって聞くということです（第9章参照）。

　それ故，このときは自分も必ず死ぬ身であるということを自らに言い聞かせることが大切です。そして，患者さんにもそれを，心と言葉で伝えることが患者さんの心を癒すということにつながります。

③自分の魂の問題など宗教面に対する対応

この問題に対しては,原則として宗教家に委ねるのがもっともよい方法だと思います。とくに死んだらどうなるかという問いに対しては,死後が有るとか無いとかいう答えはしない方がよいと思います。このときは,自分が宗教家でない限り,黙っているのがもっともよい対応ではないでしょうか。臨床心理学におけるカウンセリングでは,「沈黙」がベストな回答であることがよくあるわけです。

生かじりな宗教的知識でもって対応することは厳にいましめるとともに,もしどうしても対応したい場合は,まず自らが死の問題を宗教的に解決してからにしてください。

8　おわりに

ビハーラは,ビハーラ活動といわれるように,理論よりも実践にウエイトが置かれた活動です。その内容は,ターミナルにある人に対する仏教的ケアの実践ではありますが,それは説教であったり法話というわけではありません。ビハーラ活動は宗教活動における伝道(活動)ではなく,ターミナルにある人の心のケアとして考えだされた一つの対応方法です。それ故そこに仏教的な背景があればビハーラ活動ということになります。

引用・参考文献

キューブラー・ロス, E.　鈴木晶(訳)　1998　死ぬ瞬間——死とその過程について　完全新訳改訂版　読売新聞社(Kübler-Ross, E. 1969 *On death and dying.*)

第15章 ビハーラの原点

田宮仁　1988　視点 ビハーラの理念とは　仏教タイムス

第16章

現代におけるビハーラ活動と今後

伊東秀章

1　はじめに

　第15章にもあるように、ビハーラ（Vihāra）とは、古代のインド仏教において使われていたサンスクリット語であり、意味は、「休養の場所。仏教徒の僧院または寺院。」などです。現代においては、仏教者による社会活動の一つを「ビハーラ活動」と呼ぶようになりました。ビハーラ活動は20年以上、日本全国で様々に展開されていますが、その実践研究は始まったばかりです。

　臨床心理学の領域において、これまでビハーラについてはほとんどふれられてきませんでした。臨床心理学は、精神分析などの様々な理論によって対人援助実践を行うことに主眼が置かれており、精神病や神経症などの「心の病」への対応が中心でした。

　しかしながら、現代において仏教者がビハーラ活動などの社会活動へ参画したとき、心理的なケアの重要性があらためて強調されました。その中で、仏教がめざす心理的なケアは、臨床心理学の枠組みの中にはなかった新しい可能性があると注目されつつあります。とくに、死の問題は仏教がもっとも重視する問題の一つであり、様々に検討されてきた一方で、臨床心理学において死の問題は中心

として扱われてきませんでした。そのため仏教による心理的なケアそのものが臨床心理学にも応用可能ではないかと考えられます。また、浄土真宗を背景とする龍谷大学に臨床心理学科が新設されたときにも、ビハーラは重要な領域の一つとしてとりあげられています。

本章においては、ビハーラの歴史について、文献を元に整理し、今後のビハーラについて検討します。

2　ビハーラの始まり

(1) 田宮仁(まさし)によるビハーラの提唱

「ビハーラ」という言葉が現代において積極的に使われるようになったきっかけは、1985年に田宮仁が、仏教者のホスピス活動を、ビハーラと呼称することを提唱したこととされます(田宮, 2007)。論文としては1986年に田宮が、ライフサイエンス誌に掲載した「佛教を背景としたホスピス／ビハーラ(Vihāra)の開設を願って」が最初です。そこで田宮(1986)は、ビハーラの構想について、「限りある生命の、その限りの短さを知らされた人が、静かに自身を見つめ、また見守られる場である。本人の願いを軸に家族と職員が看取りと援助の主な担い手として、その願いが成就するよう支え合う場である。また基本的には希望する人は誰でも利用でき、さらに医療機関に付属し十分な医療行為が可能なことも不可欠である。そして願われた生命の尊さに気づかされた人が集う、佛教を基礎とした小さな共同体である。」と述べています。このように田宮は、ビハーラの構想を立て、仏教を背景としたターミナル・ケアの施設をつくるため活動を始めました。そしてこの理念は、田宮が2007年に

出版した『「ビハーラ」の提唱と展開』においてもほとんど同じであり、一貫した姿勢であることがわかります。

また、田宮（1986）はビハーラを実践するために、「部屋の片隅に置かれた屑籠のような存在であって欲しいと考える」という仏教者屑籠論を主張しました。この考え方は一部の仏教者から批判されましたが、「部屋の片隅に屑籠があれば使用したティシュペーパーでも目に付いたゴミでも無意識に屑籠に放り込むことで、自然に部屋が片付いていくように、僧に対して辛いことでも何でも放り込まれ（話をするということで）、そのことにより自然に人の心の痛みや苦悩が整理され方向付けられたらよいと考えていたからである」（田宮、2007）とその真意を述べています。また田宮（2007）は、ターミナル現場における仏教者の実践について「基本的には共に合掌すること以外にない。そして、相手が自分の死を通して語る内容を誰よりも注意深く聞き、そこから学ぶしかできない…（中略）…仏教者としての自身の信仰と人間性が問われるだけ」と述べ、ビハーラの実践は、仏教を中心としながら傾聴するしかないと述べています。

（2）実践の展開

田宮がビハーラを提唱するまでには、1981年から理論的研究を始め、1984年からは病院、特別養護老人ホーム、重症心身障害児施設、デイケアセンターの施設合同のターミナル・ケアの勉強会を行ったとされます（田宮、1986）。さらには、田宮は自身の子どもを亡くし、父親を亡くすという経験をしました（田宮、1988）。田宮は、仏教とターミナル・ケアを研究しつづけていましたが、田宮自身が肉親の

死を経験することにより、一層ビハーラの実践の場を求めていきました。

そして、田宮の働きかけもあり、新潟県長岡市の「長岡医療と福祉の里」の関連事業として「ビハーラ」は計画されることになり、1992年5月に長岡西病院ビハーラ病棟として開設されました。現在も長岡西病院ビハーラ病棟はビハーラ僧が常駐しており、ビハーラ実践の貴重な場所の一つとなっています。

その後、田宮は、1993年に佛教大学専攻科内に「仏教看護コース」を開設し、ビハーラ活動者の養成に取り組みました。2005年4月入学者をもって終了となっていますが、ビハーラ活動者養成に関する取り組みとして注目されました。また2004年に、仏教看護・ビハーラ学会を藤腹明子と田宮が設立し、現在に至るまで、ビハーラの研究と臨床を牽引しています。

3 ビハーラの広がり

(1) 浄土真宗本願寺派の実践

田宮がビハーラを提唱した後、もっとも早く反応したのは浄土真宗本願寺派でした。それは、浄土真宗本願寺派は、田宮がビハーラを提唱する以前から、医療現場における仏教実践を模索していたためでした。

1983年10月21日の第16回日本仏教文化会議が浄土真宗本願寺派のビハーラ活動の原点の一つとされます。この会議で、医師の早川一光が「人間の苦悩を救うものは、医者じゃないんです。これは宗教家の皆さんであります。宗教家の皆さんが、人間のいちばん必要な

とき，というのは，死ぬのはこわい，死に直面し，老いる苦しさにもまれたときに，そばに立っていてほしい。そのときに，誰も宗教家が立っていないというのは，なんということだろう」（早川，1984）と述べ，宗教家が実際の現場において実践する必要性について述べています。この提言によってビハーラ活動が啓発されていったとされます（桜井，1992）。

1986年5月に浄土真宗本願寺派の研修会において早川一光が医師の立場から「現代医療が一人歩きしていることに危惧を感じている。今こそ宗教家が立ち上がり歯止めをかけなければならないとき。と同時に，医療では救えない患者の心を救うことができるのは，あなたがた宗教家の人なのです」と提言したとされています。その言葉を受けて，「医療と宗教とのかかわり」についての会議が2回開催され，教学本部内に「医療と宗教に関する専門委員会」(1)が設置されることとなりました（本願寺新報，1986）。この委員会において，尊厳死や脳死などの人間の生死に関する問題の議論がされ，その成果は，1989年に『医療と宗教』という小冊子として発刊されました。この専門委員会が母体となり，ビハーラ活動の議論が宗派内で高まっていったと考えられます。

そして，1986年11月には，ビハーラ（仏教ホスピス）研究会が浄土真宗本願寺派研修部に発足し，翌年1987年に改称され，ビハーラ実践活動専門委員会が設置されました。その後，この専門委員会が中心となり，ビハーラ活動者養成研修会をほとんど毎年開催し，

（1）浄土真宗本願寺派内に属する研究機関の一つ。2012年以降，浄土真宗本願寺派総合研究所と改称されている。

Ⅵ　ビハーラ領域

表16-1　ビハーラ活動の方向性の発展

前半の10年における方向性	後半の10年における方向性
広く社会の中でいのちを見つめるビハーラ	広く社会の苦悩にかかわるビハーラ
	深くいのちを見つめるビハーラ
いつでもだれでも実践できるビハーラ	自発的にかかわるビハーラ
相手の望みに応えるビハーラ	相手の心に聴くビハーラ
医療・福祉とともにあるビハーラ	医療・福祉とともにあるビハーラ

　2018年度は27期生のビハーラ活動者が養成されています。養成研修会のカリキュラムは2回の改訂を経て，身体的介護からカウンセリングを中心とした研修へと変わってきています。

　また，ビハーラ活動が始まって以降，最初の10年は「ビハーラ活動の方向性」4箇条を掲げていましたが，後に「ビハーラの五つの方向性」に変わったとされています。両者を表16-1にして示しました。

　この2つを比較すると，「いつでもだれでも実践できるビハーラ」，「相手の望みに応えるビハーラ」が前半の10年でなくなり，「自発的にかかわるビハーラ」，「相手の心に聴くビハーラ」が後半の10年で追加されています。ここから，ビハーラ活動者にはより積極的な姿勢が求められ，望みに応えるということよりも，心を傾聴することへと重点が変わっていることがわかります（桜井，1994；浄土真宗本願寺派社会部，2010）。

　また，浄土真宗本願寺派のビハーラ活動は，緩和ケア病棟のみではなく，特別養護老人ホームなどへ活動現場を広げて展開したのが特徴です（伊東，2010）。これは浄土真宗ではターミナルの現場における生き方だけが重要なのではなく，生きているどの場であっても

お念仏による往生が定まったとき正定聚に至ると考える思想がある(2)ため，活動場所を広げて展開することに積極的であったと考えられます。つまり，浄土真宗においては，すべての人が日常に生きながら生死の問題を解決することができるという立場であるため，ターミナル・ケアのみではなく，すべての悩みを持つ人に対して行うべきであるという主張です。そのため，浄土真宗本願寺派のビハーラ活動は，緩和ケア病棟のみならず，特別養護老人ホーム，児童施設，災害支援などでの各種活動へ広がりました。

（2）田代俊孝らの実践

また，田代俊孝は「死そして生を考える研究会」（ビハーラ研究会）を立ち上げ，独自のビハーラを展開しました。この研究会は，田代の発意により1988年に，宗教学者，医師，看護師，福祉関係者，元刑務官など15名の呼びかけ人の賛同を得て立ち上げられました。この「死そして生を考える研究会」の趣意書に，「死ぬのは死ぬときです。でも，生きているときに死の問題を解決しなければなりません。死の問題を解決した向こうに充実した本当の生，つまり，満足した人生があるのです。…（中略）…このような観点から宗教，特に仏教の立場からのホスピスであるビハーラ（Vihara）の理論と実践を研究し，同時に私達自身の死を超える道，さらに死に直面している人へのケアなどの方法を学びたいとおもいます」（田代，1994）とあります。このように，田代は他職種の人との研究会を立

（2）必ずさとりを開いて仏になることが正しく定まっているともがらのこと（浄土真宗本願寺派総合研究所，2013）。

ち上げ，ビハーラの理論と実践を研究していきました。

　田代は，1998年7月に，内田桂太，田畑正久とともにビハーラ医療団を発足しました。これはビハーラ運動を推進する医療関係者・ビハーラ関係者で構成され，ビハーラ運動の推進と啓発，相互研修を目的としています（ビハーラ医療団，2012）。

　他には，日蓮宗がビハーラ・ネットワークを組織し，研修と実践を行ったり，個人やNPOなどがビハーラに関する問題を講演会やシンポジウムにおいて検討したりしています。また，広島のビハーラ花の里病院や，立正佼成会付属佼成病院におけるビハーラ病棟など，それぞれの現場においてビハーラ活動が実践されています。

　以上のように，ビハーラ活動は，田宮が提唱して以降，宗派や個人など様々なレベルで展開しました。しかしながら，いずれの立場も死の問題を解決することを重視しており，患者や家族，そして活動者自身が，仏教や心理的なケアを柱として活動しています。

4　ビハーラ活動の実践のための研究

（1）理論の構築と成果の検討

　これまでビハーラ活動に対する理論的研究は仏教的見地から様々になされてきました（たとえば，田宮，2007；梯，1994など）。しかし，臨床に根差した実践のための研究がこれからの課題だといえます。

　今後のビハーラ実践とその研究の課題に挙げられるのは，まず，ビハーラ活動者がそれぞれの現場のクライエント（相談をする者）と施設職員にその役割を認められることです。ここでのクライエン

トとは、ターミナル・ケアが必要な患者や高齢者など、ビハーラ活動者が直接ケアを行う対象者であり、施設職員とは、緩和ケア病棟の医師・看護師や特別養護老人ホームの介護士などです。これまでのビハーラ活動は仏教者が主体的に動き実践されてきました。この活動が今後発展するためには、対象者に実践の意義を認められていく必要があります。

そのためには、ビハーラ活動の実践のための理論を構築することと、その成果を検討することを繰り返さなければなりません。そうすることで、実践のための理論は何度も修正を加えられることとなり、本当の意味で現場に寄り添った活動となります。そのような検討はこれまで、仏教・看護ビハーラ学会や全国ビハーラ集会、ビハーラ医療団などでされており、今後も重要であると考えます。

（2）理論の構築が難しい理由

しかし、実践のための理論構築の障害となっている理由の一つには、コンテクスト（文脈）の混乱があると考えます。つまり、ビハーラ活動の検討が、クライエントの特性と主訴、クライエントの家族の想い、活動場所の特徴、活動場所における施設職員のビハーラ活動への認知、ビハーラ活動者の施設内の立場と依って立つ理論などの、コンテクストを決定する要因が明示されないまま検討されてきました。そのため事例を検討しても要因の統制がほとんどされておらず、共通性と相違性を明らかにすることが困難でした。その結果、事例における宗教・仏教要因や、スピリチュアル的・実存的な側面の内容の検討はこれまで一部なされてきましたが、対象者の見立てとケアの指針の検討がなされてきませんでした。

コンテクストを明示した上で,論点を明確にするならば,非常に限られた部分を検討する研究となると考えられます。その研究結果を集積することによって,緩和ケア領域,特別養護老人ホーム領域など,それぞれの現場におけるビハーラ活動の専門性が発展すると考えます。そして,ビハーラ実践の専門性が明確になれば,活動者への養成カリキュラムを発展させる必要があるのみならず,スーパーヴァイズ制度の確立などが次の課題となると考えます。

また,ビハーラ活動における事例の検討が困難であったことの一因に,クライエントが明確な主訴をもち,来談する医療の受診や臨床心理面接のようなケースが少ないことがあげられます。つまり,緩和ケア病棟や特別養護老人ホームにおいてビハーラ活動者は訪問する立場になりやすいという実践構造の問題があります。主訴が明確であれば,主訴がどのように変化していったのかが,実践の評価軸の一つになりますが,ビハーラ活動はそのような主訴が少ない実践です。そのため,実際の臨床現場では,クライエントや施設職員の想いやニーズに合わせることが非常に重要となります。

(3) これからの研究

このようなコンテクストの明確化や臨床構造を設定することは実践では重要であるため,今後は臨床心理学などの対人援助理論を援用して検討することにより,実践のための知見が得られる可能性が高いと考えます。そして臨床構造が明確になることにより,カウンセリング実践が,クライエントや家族,施設職員に認められるものとなるため,ビハーラ活動が実践されやすくなると考えます。そのため,ビハーラ活動をカウンセリング実践と臨床心理的地域援助の

両側面から検討する必要があります。

　臨床に根差した実践のための研究の一つとして、友久（2013）は、悩みをもつクライエントとのカウンセリング過程を示しながら、仏教によるアプローチが行われる事例を示しています。ここでは、クライエントとのカウンセリングが深まることにより、仏教によるアプローチがなされる可能性を示しています。このように、クライエントの想いに寄り添うカウンセリングが深められる中で、宗教的なケアがなされるようになるケースがあります。また伊東（2014）は、宗教関係者のクライエントと、宗教関係者ではないクライエントとの特別養護老人ホームにおける継続的なカウンセリング事例を取り上げました。それぞれのクライエントの想いを中心に死後の問題について解決していく過程を示し、カウンセリングにより死後の問題へかかわることの可能性を示しました。

　これらのように、ビハーラ活動における実践を具体的に明示し、検討を重ねることが、今後のビハーラ活動において重要であると考えます。

引用・参考文献

ビハーラ医療団（編）　2012　ビハーラ医療団——学びと実践　自照社出版

早川一光　1984　老いるショック　財団法人全日本仏教会・国際仏教交流センター（編）　老いは苦しみか　平凡社　pp. 64-88.

本願寺新報　1986年11月20日　本願寺出版社

伊東秀章　2010　ビハーラ活動の展開と今後の課題について　龍谷大学教育学会紀要，**9**，17-33.

伊東秀章　2014　特別養護老人ホームにおけるビハーラ・カウンセリ

ング　吉川悟（編）　対人援助をめぐる実践と考察　ナカニシヤ出版　pp. 169-185.

浄土真宗本願寺派総合研究所（編）　2013　浄土真宗辞典　本願寺出版社

浄土真宗本願寺派社会部　2010　ビハーラ活動20カ年総括書　http://social.hongwanji.or.jp/

梯實圓　1994　仏教の生命観　浄土真宗本願寺派ビハーラ実践活動研究会（編）　ビハーラ活動――仏教と医療と福祉のチームワーク　本願寺出版社　pp. 61-93.

桜井瑞彦　1992　ビハーラ基本学習会講義録Ⅱ　ビハーラの理念と方向　浄土真宗本願寺派教育局　pp. 1-33.

桜井瑞彦　1994　仏教とビハーラ活動　ビハーラ実践活動研究会（編）　ビハーラ活動――仏教と医療と福祉のチームワーク　本願寺出版社　pp. 21-59.

田宮仁　1986　佛教を背景としたホスピス／ビハーラ（Vihāra）の開設を願って　ライフサイエンス，**13**（1），50-59.

田宮仁　1988　仏教福祉とターミナル・ケア――ビハーラ構想を中心に　医療と宗教を考える会（編）　いのちの安らぎ――ホスピスをめぐって　同朋舎　pp. 105-135.

田宮仁　2007　「ビハーラ」の提唱と展開　学文社

田代俊孝（編）　1994　現代人の死生観　同朋舎出版

友久久雄　2013　臨床における仏教とカウンセリング　友久久雄（編）　仏教とカウンセリングの理論と実践――仏の教えと心の癒し　自照社出版　pp. 5-32.

第17章
死の臨床におけるカウンセリングとビハーラ活動

吾勝常行

1 はじめに

　人が老い，病気になり，死にゆくことは自然の摂理です。臨床心理学の視点からいえば，死の臨床の現場で老いをかかえて生きる人に寄り添い，病む人の苦しみをやわらげ，死にゆく人を恐れと不安から解放する仕事がビハーラ活動です。現在，医師や看護師，薬剤師や栄養士，精神科医，MSW（医療ソーシャルワーカー）など多職種と協働してチーム医療に携わっている臨床心理士は多くはありません。しかし，患者とその家族に対してカウンセリングを行い，心理検査を行ってその職務を遂行する領域は，今後ますます重要視されるでしょう。

　本章は死の臨床における基礎的学習を進めることを目的として，ビハーラ活動におけるカウンセリングの役割やその視点について紹介します。

2 日本社会における死の臨床

　厚生労働省は日本の人口動態事象を把握し，人口および厚生労働

Ⅵ　ビハーラ領域

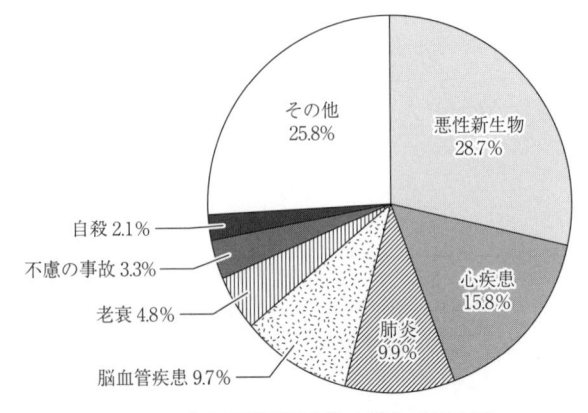

```
その他 25.8%
悪性新生物 28.7%
自殺 2.1%
不慮の事故 3.3%
老衰 4.8%
脳血管疾患 9.7%
肺炎 9.9%
心疾患 15.8%
```

図17-1　主な死因別死亡数の割合（2012年）

行政施策の基礎資料を得ることを目的として，毎年，人口動態調査を行っています（厚生労働省人口動態調査）。調査事項は人口動態調査票によるもので，出生票，死亡票，婚姻票，離婚票および死産票の5種類の届書からなります。その数値報告は年間推計として毎年，調査年の翌年1月1日に公表されます。さらに6月には月報年計（概数）の概況を，最後に修正を加えた確定数として9月に公表したものが人口動態統計（確定数）の概況です。この人口動態統計（確定数）の概況を基礎資料として，日本社会における死の臨床を考えます。なぜならば，ビハーラ活動領域におけるケア対象者の社会的状況をまず把握しておきたいからです。

2012年人口動態統計（確定数）の概況における死亡数は125万6359人で，前年より3293人増加し，死亡率（人口千対）は10.0で，前年の9.9を上回ったことが報告されています。

死因別にみると，死因順位の第1位は悪性新生物（悪性腫瘍のこ

第17章　死の臨床におけるカウンセリングとビハーラ活動

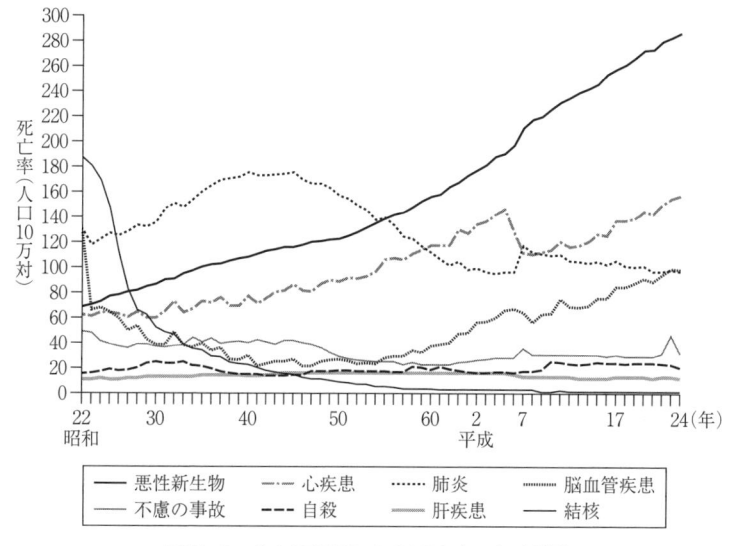

図17-2　主な死因別にみた死亡率の年次推移

（注1）平成6・7年の心疾患の低下は，死亡診断書（死体検案書）（平成7年1月施行）において「死亡の原因欄には，疾患の終末期の状態としての心不全，呼吸不全等は書かないでください」という注意書きの施行前からの周知の影響によるものと考えられる。
（注2）平成7年の脳血管疾患の上昇の主な要因は，ICD-10（平成7年1月適用）による原死因選択ルールの明確化によるものと考えられる。
（出所）厚生労働省平成24年人口動態統計月報年計（概数）の概況

と。一般に癌とも呼ばれる）で36万963人，第2位が心疾患，第3位が肺炎の順となっています。全死亡者に占める割合（人口10万対）はそれぞれ28.7％，15.8％，9.9％となっており，年間死亡者のおよそ3.5人に1人は悪性新生物で死亡したことが報告されています（図17-1）。

また死因順位について悪性新生物が第1位を占めるようになったのは昭和50年代半ば頃からであり（図17-2），2012年年齢別死因で

Ⅵ　ビハーラ領域

は年齢が高くなるにしたがって悪性新生物の占める割合が多くなり，男性では65〜69歳で，女性では55〜59歳でピークとなったことが報告されています。ただ，5〜14歳および30〜49歳においても悪性新生物の割合が多いことが指摘され，けっして年齢に比例するものではないことが述べられています。

3　病院で死ぬ時代の看取り

ところで，人々はどのような場所で死を迎えているのでしょうか。2012年人口動態統計に基づきますが，厚生労働省は病院，診療所，介護老人保健施設，助産所，老人ホーム，自宅，その他の7項目にその場所を設定し，1951年から2012年までの死亡の場所別にみた死亡数・構成割合の年次推移を公表しています。それによれば，日本の高度経済成長期と呼ばれた時期にあたる1960年では病院での死亡率が18.2％，自宅での死亡率が70.7％であったものが，1976年に病院死と自宅死の割合が逆転し，1980年には病院死が52.1％，自宅死が38.0％になっています。その傾向はさらに増加し，現在では病院死の割合が8割近くまで増え，自宅死は1割程度にとどまっています。

人々の死に場所が家庭から病院へと移り始めた1970年代半ば，シシリー・ソンダース（Cicely Saunders）によってイギリスで誕生したホスピスの運動が，はじめて日本でも一般報道されました。ホスピスとは，終末期医療を行う施設（病院），または在宅を意味します。1967年シシリー・ソンダースが聖クリストファー・ホスピスを設立し（ドゥブレイ，2004），ターミナル・ケアを基本とした近代ホ

スピスの基礎，世界の先駆けとなりました。日本では1977年に日本死の臨床研究会が発足し，1981年には聖隷ホスピス（院内独立型）が静岡県浜松にできました。さらに1984年には淀川キリスト教病院ホスピス（院内病棟型）が大阪に誕生しました。その意味で，1970年代は日本のホスピスの黎明期であり（柏木，2001），緩和医療が始まった時期です。田宮仁が，仏教を背景としたターミナル・ケア施設の呼称としてビハーラを提唱したのは1985年です。仏教ホスピスという表現に替わる呼称でした（田宮，2007）（第16章参照）。1990年に医療保険として制度化された緩和ケア病棟入院料に基づく届出受理施設・病床数は現在，施設数295，病床数5,880となっています（2013年11月1日現在，日本ホスピス緩和ケア協会調べ）。

4　WHOの健康の定義をめぐって

(1) 健康の定義に関する議論

　人の健康とはどのような状態をいうのでしょうか。世界保健機関であるWHOはその憲章前文において健康の定義を明示しています（厚生労働省報道発表資料，1999）。

　　健康とは完全な肉体的，精神的及び社会的福祉の状態であり，
　　単に疾病又は病弱の存在しないことではない。（1951年官報掲載
　　の訳）

この定義によって，WHOでは医療に限らず幅広い分野で人々の健全で安心安全な生活を確保するための取り組みを行ってきたのです。ところが，1998年のWHO執行理事会（総会の下部機関）において，WHO憲章全体の見直し作業が行われました。以下がその修

正文です。

> 健康とは完全な肉体的（physical），精神的（mental），<u>spiritual</u> 及び社会的（social）福祉の <u>dynamic</u> な状態であり，単に疾病又は病弱の存在しないことではない。（下線および訳は，厚生労働省報道発表資料による）

2か所（下線部）が追加修正され議論されました。最終的に投票となり総会の議題とすることが採択されました。提案の背景には，健康の確保において生きる意味・生きがいなどの追求が重要との立場から，Spirituality は人間の尊厳の確保や Quality of Life（生活の質）を考えるために必要な，本質的なものであるという意見が出されました。しかし現在も，この提案に WHO 事務局からの見解は得られず，審議入りしないまま採択も見送りとなっています。その理由に，現行の健康の定義は適切に機能しており審議の緊急性が他の案件に比べて低いなどの意見があります（日本 WHO 協会）。

（2）緩和ケアの定義

しかし一方で，WHO は緩和ケア（緩和医療）について次のように定義しています。

> 緩和ケアとは，生命を脅かす疾患による問題に直面している患者とその家族に対して，痛みやその他の身体的問題，心理社会的問題，スピリチュアルな問題を早期に発見し，的確なアセスメントと対処（治療・処置）を行うことによって，苦しみを予防し，和らげることで，クオリティ・オブ・ライフを改善するアプローチである。（日本ホスピス緩和ケア協会訳）

そして箇条書きで以下の内容が述べられています。

・痛みやその他の苦痛な症状から解放する
・生命を尊重し，死を自然の過程と認める
・死を早めたり，引き延ばしたりしない
・患者のためにケアの心理的，霊的側面を統合する
・死を迎えるまで患者が人生を積極的に生きてゆけるように支える
・家族が患者の病気や死別後の生活に適応できるように支える
・患者と家族──死別後のカウンセリングを含む──のニーズを満たすためにチームアプローチを適用する
・QOLを高めて，病気の過程に良い影響を与える
・病気の早い段階にも適用する
・延命を目指すそのほかの治療──化学療法，放射線療法──とも結びつく
・臨床的な不快な合併症の理解とその対応の推進に必要な諸研究を含んでいる（日本ホスピス緩和ケア協会訳）

　このWHOによる緩和ケアの定義は2002年のものです。以前の1990年の定義と比較すると家族をも含むこと，患者と家族のQOL（生活の質）の改善向上の2点が明記されました。ここにビハーラのケア対象者が患者だけでなくその家族を含む根拠を見出すことができます。ここで，患者の全人的苦痛を具体的に理解するための図を示してみます（図17-3）。なお国際疼痛学会（IASP）によれば，疼痛（痛み）とは，顕在的か潜在的な組織損傷に伴った感覚的か感情的な不快体験そのものや，そうした損傷による体験についての訴えであると定義されています。

Ⅵ ビハーラ領域

身体的苦痛
痛み
他の身体症状
日常生活動作の支障

精神的苦痛
不 安
いらだち
孤独感
恐 れ
うつ状態
怒 り

全人的苦痛
(total pain)

社会的苦痛
仕事上の問題
経済上の問題
家庭内の問題
人間関係
遺産相続

スピリチュアルペイン
人生の意味への問い
価値体系の変化
苦しみの意味
罪の意識
死の恐怖
神の存在への追求
死生観に対する悩み

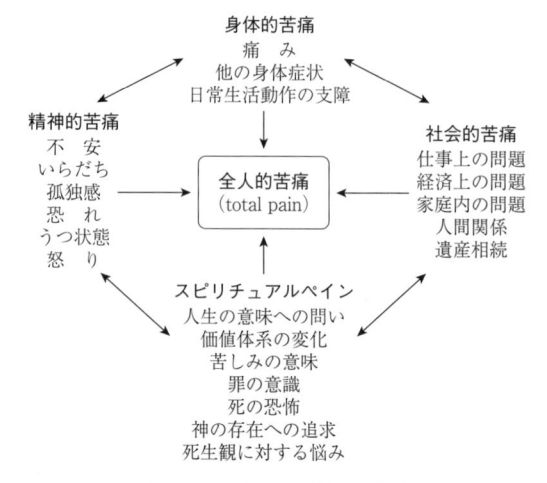

図17-3 全人的苦痛の理解

(出所) 淀川キリスト教病院ホスピス, 2001, p. 34.

5 患者の全人的痛みを理解するために

(1) スピリチュアルな痛みとは

図17-3はホスピス(ここでは淀川キリスト教病院)における緩和ケアマニュアルに掲載されたものです(淀川キリスト教病院ホスピス,2001)。マニュアルには疼痛マネジメントの原則が示されていますが、疼痛(痛み)の治療は患者をよく観察し理解することから始まることが述べられています。たとえ些細なことであっても患者の訴えに真剣に耳を傾けて聴くことが重要であり、痛みは患者が表現するとおりに受けとめ、過小評価しないことが注意事項の一つです。何より患者との信頼関係を構築することは言うまでもありません。

また家族が患者の痛みをどのように評価しているか、家族が患者の性格をどのようにみているかなどの情報も非常に貴重だとして、家族の協力なくしては痛みの治療が困難であることを示唆しています。

　図17-3には、不快な感情的および情動的体験である痛みの分類がなされています。痛みには身体的な痛みだけではなく、精神的、社会的、スピリチュアルな痛みがあり、それらが相互に関連し合っていることが示されます。身体的な痛みには、損傷個所だけではない種々の身体症状や、日常生活における動作の支障をも含みます。精神的な痛みには不安やいらだち、孤独感、恐れ、うつ状態、怒りなどの精神疾患や心身症的な訴えを含みます。社会的な痛みとは対人関係により生じる痛みで、職場関係や家族関係、遺産相続なども含みます。では、スピリチュアルな痛みとはどのような痛みなのでしょうか。先述したように人間の尊厳の確保、生きる意味・生きがいに該当し、その定義づけが急がれるところです。その具体的内容には人生の意味への問い、苦しみの意味、罪の意識や死の恐怖、神の存在への追求などが含まれます。窪寺俊之（2004）は患者の痛みの表明を6項目に分類し、スピリチュアルアセスメント・シートを作成しています。具体的内容として①生きる意味・目的・価値の喪失、②苦難の意味、③死後の世界、④反省・悔い・後悔・自責の念・罪責感、⑤超越者への怒り、⑥赦しが示されています。ただし標準化したものはありません。

　このスピリチュアルな痛みについて、日本にホスピスをもたらした柏木哲夫（2011）は次のように定義しています。

　　人間は死を自覚しなければならないような病状になったり、ほかの人のお世話にならなければ生きていけなくなった場合、自

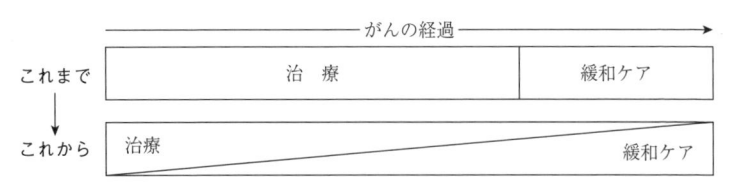

図17-4 緩和ケアの考え方

（出所）朝日新聞2008年3月23日朝刊

分の存在の意味や価値への問いを持つようになる。このような苦悩をスピリチュアルペインといい，単に宗教的な問題にとどまらず，すべての患者に出現すると言われている（筆者注：言葉に出るか出ないかは別にして）。また，単一の援助方法や答えがあるのではなくて，人対人の人格的な交わりなしで癒されるものではない（傍点は筆者）。

この定義では，人生の危機的状況に直面したとき，すべての患者に出現する「問い」がスピリチュアルペインであると述べています。この問いについて，窪寺（2004）は「求める機能」だと述べていることからも定義に妥当性があると考えます。窪寺はスピリチュアリティについて，人生の危機的状況に直面して自己存在の枠組み・自己同一性が失われたときに出現する機能だと考えています（窪寺，2004）。重要なことは，スピリチュアルペインは単独で生じるのではなく，身体的，精神的，社会的な痛みを伴って生じる痛みだという点です。その意味で全人的痛みを理解する必要があります。

（2）緩和ケアの考え方についての修正

このような緩和ケアにおける全人的痛みの理解にもとづき，今ま

での緩和ケアの考え方について修正がなされました（図17-4）。

緩和ケアの仕事は、患者の死によって終わるわけではありません。死と死別とは別ではなく、患者の死によって始まる家族（遺族）の悲しみがあります。図の「これから」は、家族に対するグリーフケアをも含んでいます。大切な人を喪失した家族にとって、相談できる医療スタッフとの面会や家族同士の悲しみの共有は重要です。家族ケアの会も徐々にではありますが、増加しているようです。

6　死の臨床におけるカウンセリングと宗教的ケア

1960年代後半、アメリカのシカゴ大学で教鞭をとっていたキューブラー・ロス（Kübler-Ross, E.）は、終末期にある患者を講師として教室に招き、自ら聴き手となってその患者が自らの死をどう受け止めているか、また何をしてほしいのか、その感情に耳を傾けました。4人の学生と始めたインタビュー調査ですが、その活動が世界の終末期医療の先駆けとなりました。『On death and dying』はベストセラーとなり、患者の死とその過程を死の5段階説にまとめました（Kübler-Ross, 1969）。当時、タブー視されていた死を学問の領域に取り上げ、医学だけでなく教育学にも大きな影響を与えました。患者の意思が無視された時代にあって、患者を全人的に理解しようとした態度といえるでしょう（第15章参照）。

ところで、終末期医療で死の問題を取り扱う場合、宗教との関係を考えておく必要があります。なぜなら、宗教の歴史は葬儀など死にかかわってきた歴史でもあると考えられているからです。しかし本章では、宗教的ケアとカウンセリング（スピリチュアルなケア）

を明確に分けて考えます。なぜなら，人間の尊厳の確保にもとづくからです。緩和ケア病棟をはじめとして公共施設は，布教伝道の場所ではけっしてありません。ビハーラ活動を行う場合も同じです。では，この宗教的ケアとカウンセリングの違いをどう考えればよいのでしょうか。

アメリカでチャプレン専門教育プログラム（CPE）を受け仏教チャプレンとして勤務した経験を持つ小西（2013）は次のように述べています。チャプレンとは病院など公共空間において，傾聴やカウンセリングを通じてケア対象者の精神生活をサポートする一種の宗教者をいいます。小西は米国チャプレン協会の倫理綱領に，特定宗教宗派の教えを押しつけないこと，布教目的の活動を行わないことが厳しく規定されていると指摘しています。その意味で，特定宗教宗派の教義や儀式などの枠組みを用いないカウンセリング（スピリチュアルなケア）が重要な役目を果たすことを示唆しています。ただし宗教的ケアを提供する場合には，ケア対象者と提供者の信仰が同じであることが前提となりますが，信仰が違っていればケアの提供ができず，ケア対象者にふさわしい宗教的背景を持つチャプレンを紹介することになります。いずれにしても患者における人間の尊厳を確保することが倫理的にもっとも重要となります。

7 おわりに

患者とその家族における人間の尊厳を確保するためには，臨床心理学で学ぶ積極的傾聴の姿勢は必要不可欠です。ビハーラ活動の現場では聴く，待つ，ともにいる，逃げないというスタンスが重要に

なります。窪寺（2004）は，患者の痛みを全人的に理解するためにカウンセリング技術は欠かせず，学ぶべきものであることを指摘しています。そしてカウンセリングの提供する傾聴，共感，受容の3つについて次のように定義しています。傾聴とは，日常会話での聞くこととは異なり，患者の言葉，気持ち，感情，願望，そして表情などの非言語的コミュニケーションに全面的に集中すること。共感とは感情を共有することで，自分があたかも相手自身になったように患者の気持ちを感じとり，受けとめ，一緒にその瞬間を生きること。その瞬間，自分と相手との壁が消えることを指摘しています。最後に受容とは，患者の痛みを自分の痛みとして認識する意識行為であると述べています。傾聴することで患者が自分の話す意味合いが伝わったと感じたとき，わかってもらえたと納得でき，かつ，背負っていた重荷が消えていくのを感じることができるのです。

　他の誰でもない，自らの死に直面している患者を全人的に理解し，患者のかかえる恐れと不安をやわらげようとする営みがビハーラ活動です。言い換えれば，孤立感や孤独感，疎外感から患者を解放する営みがカウンセリングの役割と言えるでしょう。

引用・参考文献

ドゥブレイ, S.　若林一美ほか（訳）　2004　ホスピス運動の創始者シシリー・ソンダース　日本看護協会出版会（du Boulay, S. 1984 *Cicely Saunders: The founder of the modern hospice movement.* Hodder and Stoughton.）

柏木哲夫　2001　ターミナル・ケアとホスピス　大阪大学出版会

柏木哲夫　2011　病む人の魂に届く医療を求めて　窪寺俊之（編著）癒やしを求める魂の渇き　聖学院大学出版会　p. 43.

Ⅵ　ビハーラ領域

国際疼痛学会（IASP）　http://www.iasp-pain.org/AM/Template.cfm?Section=Pain_Definitions

小西達也　2013　米国の病院チャプレンにみる公共空間での宗教的ケアの在り方　宗教研究，**86**（4），104-105.

公益社団法人日本WHO協会　http://www.japan-who.or.jp/commodity/kenko.html

厚生労働省報道発表資料「WHO憲章における『健康』の定義の改正案について」（平成11年3月19日）　http://www1.mhlw.go.jp/houdou/1103/h0319-1_6.html

厚生労働省　人口動態調査　http://www.mhlw.go.jp/toukei/list/81-1.html

厚生労働省　平成24年人口動態統計月報年計（概数）の概況　http://www.mhlw.go.jp/toukei/saikin/hw/jinkou/geppo/nengai12/

キューブラー・ロス，E.　鈴木晶（訳）　1998　死ぬ瞬間——死とその過程について　完全新訳改訂版　読売新聞社（Kübler-Ross, E. 1969 *On death and dying.*）

窪寺俊之　2004　スピリチュアルケア学序説　三輪書店

田宮仁　2007　「ビハーラ」の提唱と展開　学文社

特定非営利活動法人日本ホスピス緩和ケア協会　http://www.hpcj.org/what/pcu_list.pdf

淀川キリスト教病院ホスピス（編）　2001　緩和ケアマニュアル——ターミナルケアマニュアル　改訂第4版　最新医学社

World Health Organization　http://www.who.int/en/

索　引

あ行

挨拶 143
アウトリーチ（out-reach） 117
アセスメント →査定
アトピー性皮膚炎 61
アピールポイント 142
アルツハイマー型認知症 85
安寧 196
怒り 198
生きがいの支援 86
生き方の指導 123
いじめ 111
移植医療 64
一次予防 103
一切皆苦 194
いのちの電話 103
『医療と宗教』 207
インクルーシブ教育 177
　——システム 176, 178
インテグレーション（integration）教育 181
栄養士 17
縁起 193
エンパワメント 99
応病与薬 191

か行

外因 32
介護保険制度 87
介護予防 88
介護療養型医療施設 89
介護老人福祉施設（特別養護老人ホーム） 88
介護老人保健施設（老人保健施設） 89
回想法 92
ガイダンス的生活指導 126
開発的カウンセリング（developmental counseling） 113
開発的教育相談 125
カウンセリングの役割 227
柏木哲夫 223
学習障害（LD） 150, 159
学生相談 116
学校教育相談 125
学校への支援活動 118
家庭裁判所 23
家庭内暴力 111
癌性疼痛 63
緩和医療 63
緩和ケア 195
　——の定義 224
基礎心理学 5
キャプラン（Caplan, G.） 102
キューブラー・ロス（Kübler-Ross, E.） 198, 225
教育相談 121, 125
　——センター 118
共感 227
　——的理解 113
教師との協働 167
教職員とのコミュニケーションスキル 143
共生社会 175, 177, 178
協働 15
　——的な実践 9
苦諦 192

窪寺俊之　223
グリーフカウンセリング　197
グリーフケア　104, 225
グリーフワーク　197
グループ・アプローチ　114
グループ回想法　92
グループホーム　17
クレペリン（Kraepelin, E.）　29
傾聴　227
軽度認知障害　85
契約的視点　156
ケースカンファレンス　16
血管性認知症　85
ケネディ教書　96
権限　25
健康の定義　219
権利擁護　87
高機能自閉症　151
甲状腺機能異常（亢進／低下）症　57
構成的グループ・エンカウンター　115
高等学校　20
更年期障害　59
呼吸器科　54
国際障害分類（ICIDH）　147
国際生活機能分類―国際障害分類改訂版―
　　→生活機能・障害・健康の国際分類
告知　63
心の働き　148
心の病　203
個人回想法　92
個人モデル（医療モデル）　182
子どもへの支援　166
個別の教育支援計画　161
個別の教育指導計画　161
個別の支援計画　161
コミュニケーション機能　168
コミュニケーション能力　26

コ・メディカルスタッフ　46
コンサルテーション　80, 140

さ　行

作業療法　17
査定（アセスメント）　6, 140
悟り　190
様々な出来事（ライフイベント）　161
産科　57, 58
産褥期うつ病　58
三次予防　104
サンスクリット語　203
三法印　193
自己一致　113
自殺企図　112
自殺総合対策大綱　102
自殺対策基本法　102
自殺予防　101
四諦（四聖諦）　192
　──八正道　192
実証性（evidence-based proof method）
　6
集諦　192
児童家庭支援センター　72
児童厚生施設　70
児童自立支援施設　72
児童精神科　75
児童・生徒が抱える問題　111
児童相談所　18
児童発達支援センター　71
児童福祉施設　18, 69
児童養護施設　71, 73
死の臨床　195, 216
耳鼻科　60
自閉症　158
四法印　193
四門出遊　190

索　引

社会的入院　95
社会モデル　182
宗教的ケア　228
柔軟性　173
十二指腸潰瘍　55
12のステップ　100
終末期医療　63
修行　190
受容　198, 227
腫瘍医療　62
循環器科　56
障害児入所施設　71
障害者基本計画　152
障害者権利条約　176
障害者自立支援法　98, 152
障害者総合支援法　98, 152
消化器科　55
小学校　20
情緒障害児短期治療施設　71
浄土真宗本願寺派　207
小児科　59
少年院　23
少年鑑別所　23
障壁　182
諸行無常　193, 194
助産施設　69
初転法輪　191
所得の保障　85
諸法無我　193
シルバー人材センター　86
心因　32
心身医学　41
心身症（psychosomatic disease）　42
心身相関　41
身体の変化　83
診断　31
心理アセスメント　91

心理社会的因子　42
心理的支援　91
心療内科　41
　　──医　44
心理療法士　74
睡眠時無呼吸症候群　54
スクールカウンセラー　110, 115
　　──活用調査研究委託事業　131
　　──配置　131
スクールカウンセリング　131
スジャータ（善生）　190
スピリチュアルな痛み　223
生活機能構造モデル　149
生活機能・障害・健康の国際分類（国際生活機能分類, ICF）　149, 150
精神医学　29
精神科医　43
精神保健医療福祉の改革ビジョン　97
精神保健福祉士（PSW）　17, 97
精神保健福祉センター　18
生徒指導　121
　　──提要　124
　　──の手引　124
　　──の手引（改訂版）　124
　　──の歴史　122
成年後見制度　87
生物科学　9
生物学的精神医学　31
セルフヘルプ・グループ　99
専門性　25
操作的診断基準　33
措置的視点　156
ソンダース（Saunders, C.）　218

た　行

ターミナル・ケア（終末期医療）　188
大学　20

対機説法　191
対人援助職　3
田代俊孝　209
脱施設化　96
田宮仁　188, 204, 219
多様な学びの場　179
地域医療　65
地域包括支援センター　88
チーム医療　215
地区住民への相談活動　118
チャプレン専門教育プログラム（CPE）　226
注意欠陥／多動性障害（ADHD）　151, 158
中学校　20
中途退学　111
治療的カウンセリング（therapeutic counseling）　113
治療的教育相談　126
通級指導教室　154
デイケア　16
手首自傷（リストカット）　111
デスエデュケーション　198
転迷開悟　194
統合失調症（Schizophrenie）　30
疼痛（痛み）　63, 224
　　——マネジメント　222
道諦　193
糖尿病　57
特殊教育　151
特別支援教育　152
　　——推進体制モデル事業　153
特別養護老人ホーム　208
ドナー（donor）　64
取り引き　198

な 行

内因　32
内科　54
長岡医療と福祉の里　206
肉体の死　196
二次予防　103
日常会話　143
乳児院　69, 73
入滅　191
如実知見　194
人間の尊厳の確保　220
認知症　84
認知特性　174
涅槃寂静　193

は 行

パーソナリティ　174
長谷川和夫　91
八正道　192
発達障害　157
　　——者支援法　152
　　——の特性　174
バトラー（Butler, R.）　92
場面緘黙　111
ひきこもり　112
非行　111
非指示的カウンセリング　110
人の尊厳に対する配慮　13, 14
否認　198
ピネル（Pinel, P.）　30
ビハーラ（Vihāra）　187, 203, 219
　　——活動　227
　　——・ネットワーク　210
　　——花の里病院　210
皮膚科　61
病院死　218
貧困母子世帯　77

複合喪失の時期 86
福祉事務所 18
婦人科 57, 58
仏教看護コース 206
ブッダ 188
不登校 111, 112
不妊治療 58
ふれあい・いきいきサロン 86
フロイト（Freud, S.） 30
ブロイラー（Bleuler, E.） 30
別の手立て 168
ヘルパー・セラピー原則 99
保育所 20, 70
保護者面接 139
母子生活支援施設 70
ホスピス 188, 218
本態性高血圧 56
梵天勧請 191

ま行
麻酔科 63
マナー 143
慢性気管支炎（気管支喘息） 54
見通しを共有する 169
看取り 218
無条件の肯定的尊重 113
滅諦 193
メニエール症候群 60
問題行動 78

や・ら・わ行
ユニットケア 89
幼稚園 20
抑うつ 198
　　──感 112
ラーフラ 189
ライフコース 162
ライフステージ 162
ライル（Reil, J. C.） 29
リストカット →手首自傷
立正佼成会付属佼成病院 210
流産 58
臨床心理査定 7, 47
臨床心理調査・研究 8, 47
臨床心理的地域援助 7, 47, 116, 212
臨床心理面接 7, 47
歴史的経緯 109
レシピエント（recipient） 64
老人クラブ 86
ロジャーズ（Rogers, C.） 110
わたしメッセージ 114

A to Z
AA（Alcoholics Anonymous） 100
DV被害 77
HDS-R（改訂長谷川式簡易知能評価スケール） 91
IBS（Irritable Bowel Syndrome：過敏性腸症候群） 55
MMSE（Mini-Mental State Examination） 91
PMS（Premenstrual Syndrome：月経前症候群） 59
Quality of Life 220
Spirituality 220

《執筆者紹介》

吉川　悟（よしかわ　さとる）編者，はじめに，第1章，第5章
　　龍谷大学心理学部　教授

赤津玲子（あかつ　れいこ）第2章，第11章
　　龍谷大学心理学部　教授

武田俊信（たけだ　としのぶ）第3章
　　龍谷大学心理学部　教授

東　　豊（ひがし　ゆたか）第4章
　　龍谷大学心理学部　教授

森田喜治（もりた　よしはる）第6章
　　龍谷大学心理学部　教授

児玉龍治（こだま　りゅうじ）第7章，第8章，第9章
　　龍谷大学心理学部　教授

小正浩徳（こまさ　ひろのり）第10章，第14章
　　龍谷大学心理学部　准教授

滋野井一博（しげのい　かずひろ）第12章，第13章
　　龍谷大学心理学部　教授

友久久雄（ともひさ　ひさお）第15章
　　龍谷大学　名誉教授

伊東秀章（いとう　ひであき）第16章
　　龍谷大学心理学部　准教授

吾勝常行（あかつ　つねゆき）第17章
　　龍谷大学心理学部　教授

対人援助における臨床心理学入門

| 2014年6月30日　初版第1刷発行 | 〈検印省略〉 |
| 2023年4月1日　初版第2刷発行 | |

定価はカバーに
表示しています

編著者	吉　川　　　　悟
発行者	杉　田　啓　三
印刷者	中　村　勝　弘

発行所　株式会社　ミネルヴァ書房
607-8494　京都市山科区日ノ岡堤谷町1
電話代表　(075)581-5191
振替口座　01020-0-8076

© 吉川悟ほか，2014　　　中村印刷・坂井製本

ISBN978-4-623-07076-3
Printed in Japan

やわらかアカデミズム・〈わかる〉シリーズ
よくわかる臨床心理学[改訂新版]　B5判／312頁　本体3000円
下山晴彦 編

絶対役立つ臨床心理学　A5判／268頁　本体2500円
——カウンセラーを目指さないあなたにも
藤田哲也 監修　串崎真志 編著

いちばんはじめに読む心理学の本1
臨床心理学——全体的存在として人間を理解する　A5判／256頁　本体2500円
伊藤良子 編著

臨床心理学への招待[第2版]　A5判／274頁　本体2600円
野島一彦 編著

エッセンシャル臨床心理学　A5判／256頁　本体2800円
——30章で学ぶこころの謎
氏原　寛・東山紘久 著

心理学スタンダード——学問する楽しさを知る　A5判／288頁　本体2800円
サトウタツヤ・北岡明佳・土田宣明 編著

臨床心理学の理論と実践　A5判／264頁　本体2400円
牧　正興・高尾兼利・平山　諭 編著

[新装版]カウンセリング辞典　四六判／704頁　本体5500円
氏原　寛・小川捷之・近藤邦夫・鑪幹八郎・
東山紘久・村山正治・山中康裕 編集

―――― ミネルヴァ書房 ――――
https://www.minervashobo.co.jp/